Grupp-Robl · Luible-Ernst · Robl · Zahn

GEZIELT VORBEREITET

GEZIELT VORBEREITET

Ein Informations- und Arbeitsbuch zur **Auswahlprüfung**
für die Ausbildungsplätze in der öffentlichen Verwaltung, der Justiz
und im allgemeinen Vollzugsdienst

mit Prüfungsaufgaben und Lösungen
für die Einstellungsjahre 2013, 2014 und 2015

herausgegeben von

SUSANNE GRUPP-ROBL

verfasst von

SUSANNE GRUPP-ROBL
ROSA MARIA LUIBLE-ERNST
JOHANN WOLFGANG ROBL M. A. mult.
ELKE ZAHN

VERLAG E. VÖGEL, STAMSRIED

ISBN 978-3-89650-409-8
32. neu bearbeitete Auflage 2015

© Ernst Vögel, D-93491 Stamsried, 2015
Gesamtherstellung: Druck+Verlag Ernst Vögel GmbH, Stamsried
Illustrationen: Erik Liebermann, Starnberg
Alle Rechte vorbehalten; auch auszugsweise Wiedergabe nur mit ausdrücklicher Genehmigung des Verlages
Printed in Germany

INHALTSVERZEICHNIS

VORWORT — 7

A. INFORMATIONEN ZUM PRÜFUNGSVERFAHREN — 9

I. Zur Gestaltung des Auswahlverfahrens — 9

II. Die Auswahlprüfung — 9
   Bewertung der Leistungen in der Auswahlprüfung — 10
   Ermittlung des Gesamtergebnisses — 10
   Wiederholung des Auswahlverfahrens — 10

B. EMPFEHLUNGEN FÜR DIE ARBEITSWEISE BEI DER PRÜFUNG — 11

I. Die Prüfungsunterlagen — 11

II. Grundsätzliches zur Bearbeitung der Aufgaben — 11
   1. Aufgabenstellung genau durchlesen — 11
   2. Anzahl der geforderten Lösungen beachten — 11
   3. Hervorhebungen in einer Aufgabe berücksichtigen — 12
   4. Die angegebene Punktezahl pro Aufgabe im Auge behalten — 12
   5. Eindeutig arbeiten — 12
   6. Das vorgegebene Material nutzen — 12

III. Arbeiten mit unterschiedlichen Aufgabenformaten (in allen Themenbereichen möglich) — 12
   1. Sich mit dem Inhalt von Texten auseinandersetzen — 13
      a) Sinnerfassend lesen — 13
      b) Überschriften zu Textabschnitten finden — 13
      c) Einzelne Wörter aus dem Text erklären — 13
      d) Lückentexte ergänzen — 13
   2. Infografiken auswerten — 13
   3. Karten lesen — 14
   4. Karikaturen interpretieren — 14
   5. Logikaufgaben lösen — 14

IV. Vorbereitungstipps zu den einzelnen Fachbereichen — 15
   1. Deutsche Sprache — 15
      a) Aufgaben zum Textverständnis — 15
      b) Aufgaben, die sprachliche Grundfähigkeiten überprüfen — 15
      c) Aufgaben, bei denen Sachverhalte schriftlich dargestellt werden sollen — 15
   2. Geografie — 16
      a) Grundlegende Kenntnisse und Arbeitsweisen — 16
      b) Topografisches Grundwissen — 17
      c) Geografische Grundkenntnisse und -zusammenhänge — 17
   3. Geschichte (20. und 21. Jahrhundert) — 18

4. Wirtschaft und Recht 19
   a) Aufgaben zum tieferen Verständnis des Haupttextes 19
   b) Aufgaben zum Hintergrundwissen im Fach Wirtschaft und Recht 19

5. Staatsbürgerliche Kenntnisse 20

DIE PRÜFUNGSAUFGABEN FÜR DIE EINSTELLUNGSJAHRE 2013, 2014 und 2015   23

Hinweis: GEZIELT VORBEREITET ist ein Buch für Schülerinnen und Schüler, Bewerberinnen und Bewerber, Prüfungskandidatinnen und Prüfungskandidaten. Aus Gründen der besseren Lesbarkeit werden in GEZIELT VORBEREITET jedoch grundsätzlich die maskulinen Formen verwendet.

Vorwort

Die Prüfung für die Ausbildungsplätze in der öffentlichen Verwaltung, der Justiz und im allgemeinen Vollzugsdienst ist eine Auswahlprüfung, hat also Wettbewerbscharakter. Wie im Sport wird nur der gewinnen, der sich besonders sorgfältig auf den Wettbewerb vorbereitet hat.

Hier setzt GEZIELT VORBEREITET an: Es bietet in seinem ersten Teil zunächst alle wichtigen Informationen, die man im Vorfeld braucht, um sich richtig und erfolgreich zu bewerben. Man erfährt z. B., wie die Bewerbungsunterlagen zu erhalten sind, welche Termine eingehalten werden müssen, welche schulische Vorbildung erforderlich ist usw. Mindestens genauso wichtig sind Informationen zur Frage, welche Kenntnisse und Fähigkeiten bei der Einstellungsprüfung verlangt werden, wie die einzelnen Aufgaben aussehen und welche Strategien dabei helfen, sie zu „knacken". All dies stellt GEZIELT VORBEREITET umfassend und bis in die Einzelheiten gehend dar – es ist also ein **INFORMATIONSBUCH**.

Gleichzeitig ist GEZIELT VORBEREITET aber auch ein **ARBEITSBUCH;** denn es bietet die Möglichkeit, sich selbst aktiv mit den Prüfungsaufgaben der jeweils drei letzten Jahre zu beschäftigen und dabei beispielsweise festzustellen, wo persönliche Wissenslücken liegen oder wo man die Aufgabenstellung zu wenig sorgfältig gelesen hat. Wer sich mit Hilfe von GEZIELT VORBEREITET auf die Auswahlprüfung vorbereitet, wird und soll Mühe damit haben – aber die Mühe wird sich lohnen.

Letzteres wünschen

die Autoren.

Alle aktuellen Informationen rund um die Auswahlprüfung, Zulassungsvoraussetzungen, Prüfungsorte, Bewerbungsunterlagen und Einstellmöglichkeiten finden Sie unter:
www.lpa.bayern.de

A. INFORMATIONEN ZUM PRÜFUNGSVERFAHREN

I. Zur Gestaltung des Auswahlverfahrens

Das Auswahlverfahren besteht aus zwei Teilen, nämlich aus
- der Auswahlprüfung und
- der Berücksichtigung schulischer Leistungen in den Fächern Deutsch und Mathematik oder Rechnungswesen.

Die Tatsache, dass die Schulnoten zu einem Drittel in die Gesamtnote einfließen, zeigt, wie wichtig gute schulische Leistungen sind. Es genügt also keinesfalls, nur in der Auswahlprüfung gute Leistungen vorzuweisen. Während schlechte Schulnoten schon so manchen Prüfungsteilnehmer trotz guter Noten in der Auswahlprüfung um die Einstellungschance gebracht haben, stellen gute Schulnoten bei der Berechnung der Gesamtnote eine Art Guthaben dar.

II. Die Auswahlprüfung

Die eintägige Auswahlprüfung findet in der Regel einmal im Jahr statt; sie wird von der Geschäftsstelle des Landespersonalausschusses an vielen Orten Bayerns gleichzeitig durchgeführt. Der voraussichtliche Termin der Auswahlprüfung, der in der Regel Anfang oder Mitte Juli liegt, wird im Bayerischen Staatsanzeiger und auf der Internetseite **www.lpa.bayern.de** bekannt gegeben. Genauer **Termin** und **Prüfungsort** werden jedem Bewerber im Einladungsschreiben (Zulassungsbescheid) mitgeteilt, das er ca. zwei Wochen vor der Prüfung erhält.

Die Prüfungsteilnehmer haben in der Auswahlprüfung nachzuweisen, dass sie über eine grundlegende Allgemeinbildung, über logisch-schlussfolgerndes Denkvermögen, über Sprachfertigkeit in der deutschen Sprache sowie über eine hinreichende Belastbarkeit verfügen (§ 17 AVfV).

Bei der **Auswahlprüfung** handelt es sich um eine schriftliche Prüfung. Zu verschiedenen Materialien (z. B. Texte, Grafiken) werden unter folgenden Aspekten Aufgaben gestellt:

- **Sprachfertigkeit in der deutschen Sprache,** d. h. Kenntnisse in Grammatik und Rechtschreibung sowie Textverständnis und Fähigkeit zur Textgestaltung;
- **grundlegende Allgemeinbildung, und zwar in den Bereichen**
  - Geografie,
  - Geschichte (Schwerpunkt 20. und 21. Jahrhundert),
  - Wirtschaft und Recht (Grundlagen) und
  - Staatsbürgerliche Kenntnisse.

Für die **Durchführung der Prüfung** gelten u. a. folgende Regelungen:
- Um eine möglichst objektive Bewertung der Prüfungsleistungen zu gewährleisten, werden entsprechend der Allgemeinen Prüfungsordnung für beamtenrechtliche Prüfungen auf die Prüfungsarbeiten keine Namen geschrieben, sondern nur Arbeitsplatznummern, die vor der Prüfung ausgelost werden.
- Schwerbehinderte können bereits bei der Anmeldung gegen Nachweis von Art und Umfang der Behinderung beantragen, dass ihre Arbeitszeit verlängert wird, allerdings nur, wenn die Behinderung 50 % oder mehr beträgt oder eine Gleichstellung zuerkannt wurde.
- Während der Prüfung darf immer nur eine Person den Prüfungsraum verlassen.
- Bricht ein Teilnehmer die Prüfung aus irgendwelchen Gründen (z. B. weil er sich nicht wohl fühlt) vorzeitig ab – er legt die Prüfung also nur zum Teil ab – werden die bearbeiteten Teile bewertet. Ein Anspruch auf Nachholung der Prüfung besteht nicht.
- „Unterschleif", wie das „Spicken" offiziell genannt wird, wird auch bei der Auswahlprüfung mit ungenügend bewertet.

Bewertung der Leistungen in der Auswahlprüfung

Alle Aufgaben werden nach Punkten bewertet.

Die für jede einzelne Aufgabe erreichbare Höchstpunktzahl steht jeweils am rechten Rand des Aufgabenblattes bzw. des Lösungsbogens (siehe die Prüfungsaufgaben im zweiten Teil dieses Buchs).

Die erreichte Gesamtpunktzahl wird in eine Prüfungsnote umgerechnet, und zwar auf zwei Stellen nach dem Komma.

Ermittlung des Gesamtergebnisses

Für die Ermittlung des Gesamtergebnisses wird zunächst aus den zu berücksichtigenden Schulnoten (Deutsch und Mathematik oder Rechnungswesen) eine Teilnote gebildet, die einfach zählt.

Dann wird die Note der Auswahlprüfung verdoppelt und hinzugezählt. Die Gesamtsumme wird durch 3 dividiert und das Ergebnis mit zwei Dezimalstellen festgehalten; die dritte Dezimalstelle bleibt unberücksichtigt.

Das Auswahlverfahren ist dann **nicht erfolgreich** abgeschlossen, wenn
– der Bewerber nicht an der Auswahlprüfung teilnimmt
– der Nachweis der einzubeziehenden Schulnoten nicht erbracht wird
  oder
– die errechnete Gesamtnote schlechter als 4,00 ist.

Die erfolgreiche Teilnahme am Auswahlverfahren garantiert allerdings nicht die Einstellung in den Vorbereitungsdienst einer staatlichen oder kommunalen Verwaltung. Die Geschäftsstelle des Landespersonalausschusses erstellt nämlich nach Abschluss des Auswahlverfahrens eine Rangliste, in der alle Prüfungsteilnehmer entsprechend ihrem Gesamtergebnis (Platzziffer) aufgeführt sind. In der Bildung dieser Rangliste kommt der Wettbewerbscharakter des Auswahlverfahrens deutlich zum Ausdruck.

Bei gleichem Gesamtergebnis entscheidet die Note in der Auswahlprüfung über die Reihenfolge in der Rangliste; Bewerber mit gleicher Note in der Auswahlprüfung erhalten dann auch den gleichen Rang (= gleiche Platzziffer).

Nach der Berechnung des Gesamtergebnisses erhalten alle Bewerber für **staatliche** Verwaltungen, die dem Zuweisungsverfahren unterliegen, zusammen mit dem Prüfungszeugnis eine Mitteilung darüber, ob sie auf Grund der erreichten Platzziffer einer Verwaltung zugewiesen werden konnten oder nicht.
Der im Zulassungsantrag geäußerte Verwendungswunsch und die gewünschten Regierungsbezirke werden bei der Zuweisung nach Möglichkeit berücksichtigt.

Bewerber für staatliche Verwaltungen, die nicht dem Zuweisungsverfahren unterliegen, sowie Bewerber für eine **nichtstaatliche** Verwaltung werden jeweils von der zuständigen Einstellungsbehörde unterrichtet, ob das im Auswahlverfahren erzielte Gesamtergebnis dort für die Einstellung ausreicht.

Wiederholung des Auswahlverfahrens

Falls man erfolglos am Auswahlverfahren teilgenommen hat oder die Platzziffer für eine Einstellung nicht ausreicht, besteht die Möglichkeit, erneut am Auswahlverfahren teilzunehmen.

Das Auswahlverfahren hat grundsätzlich nur für das laufende Einstellungsjahr Gültigkeit. Das bedeutet, dass für einen Bewerber, der am Auswahlverfahren erfolgreich teilgenommen und eine Einstellungszusage erhalten hat, diese Zusage erlischt, wenn er erst ein Jahr später mit dem Vorbereitungsdienst beginnen möchte. In einem solchen Fall muss er sich im nächsten Jahr erneut dem Auswahlverfahren unterziehen.

B. EMPFEHLUNGEN FÜR DIE ARBEITSWEISE BEI DER PRÜFUNG

I. Die Prüfungsunterlagen

Die **Prüfungsunterlagen** bestehen aus zwei Geheften: dem Aufgabenteil („Aufgabenstellung") und dem eingelegten Lösungsbogen. Am Ende der Prüfung ist der Lösungsbogen abzugeben, d. h., es werden ausschließlich die im Lösungsbogen eingetragenen Angaben bewertet. Dies bedeutet, dass Sie im Aufgabenteil Ihre persönlichen Notizen anbringen können, dieses Material wird bei der Bewertung nicht berücksichtigt.

Ausgehend von einem Text und weiteren Materialien (z. B. Grafiken, Tabellen, Karikaturen etc.) werden Aufgaben zur deutschen Sprache und zur grundlegenden Allgemeinbildung (Geografie, Geschichte mit Schwerpunkt 20. und 21. Jahrhundert, Grundlagen von Wirtschaft und Recht sowie staatsbürgerliche Kenntnisse) gestellt. Dies bedeutet, dass sich Fragestellungen aus unterschiedlichen Fachbereichen auf dieselben Materialien beziehen können.

II. Grundsätzliches zur Bearbeitung der Aufgaben

Folgende fachunabhängige Tipps können helfen, die Aufgabenstellungen richtig zu erfassen:

1. Aufgabenstellung genau durchlesen

In vielen Fällen ist die Frage oder der Arbeitsauftrag bereits ein Teil der Aufgabe. Der Prüfungsteilnehmer soll zeigen, dass er Arbeitsanweisungen klar erfassen und sich genau daran halten kann. Es ist deshalb wichtig, die Frage oder den Arbeitsauftrag zu Beginn jeder Aufgabe Wort für Wort durchzulesen.
Man erfährt hier,
– unter welchen Gesichtspunkten man z. B. einen Text durchlesen soll,
– in welcher Form die Antwort gegeben werden soll,
– wie umfangreich die Lösung sein soll (z. B. „nicht länger als drei Sätze").

2. Anzahl der geforderten Lösungen beachten

Auch wenn die Anzahl der richtigen Lösungen nicht in Ziffern angegeben ist, gibt die Aufgabenstellung deutliche Hinweise:

Kreuzen Sie
– **die richtige** Lösung an: **ein** Kreuz,
– **die beiden** richtigen Lösungen an: **zwei** Kreuze,
– **x** richtige Antworten an: **x** Kreuze.

Es ist darauf zu achten, dass nicht mehr Kreuze gemacht werden, als verlangt sind. Wenn zum Beispiel nur **ein** Kreuz zu setzen ist und man ein zweites einträgt, muss der Korrektor die Lösung mit null Punkten bewerten, da er ja annehmen muss, dass
a) der Arbeitsauftrag nicht verstanden wurde und
b) der Prüfling nicht genau weiß, welche Lösung nun die richtige ist.
Ähnliches gilt, wenn z. B. zwei oder mehr Lösungen richtig sind. In der Regel ist dann die Zahl der richtigen Lösungen angegeben. Jedes Kreuz, das über diese Zahl hinausgeht, führt zum Abzug von Punkten.

Wenn **keine Anzahl** der geforderten Antworten/Kreuze vorgegeben ist, empfiehlt es sich, nur die Antworten zu geben, bei denen man sich ganz sicher ist, um einen Punktabzug zu vermeiden. Achtung: Aus der angegebenen Punktzahl kann nicht immer die Zahl der Antworten abgeleitet werden, da richtige Antworten auch mit mehr als einem Punkt bewertet werden können.

3. Hervorhebungen in einer Aufgabe berücksichtigen

Durch Hervorhebungen wie **Fettdruck** oder <u>Unterstreichung</u> erfährt man u. a.,
- wie die Lösung angegeben werden soll,
- wie viele Lösungen gefordert sind,
- welches der entscheidende Begriff in der Frage ist.

4. Die angegebene Punktezahl pro Aufgabe im Auge behalten

Die Punktezahl bei jeder Aufgabe kann auch ein Hinweis darauf sein, wie viel Zeit man für eine Aufgabe verwenden soll, also welches „Gewicht" die Aufgabe, bezogen auf die gesamte Prüfung, hat. Es lohnt sich nicht, bei einer Aufgabe lange zu verweilen, wenn es für die Lösung nur wenige Punkte gibt. Wenn einem hier die Lösung nicht rasch einfällt, sollte man solche Fragen zurückstellen und zuerst die Fragen bearbeiten, bei denen die zu erreichende Punktezahl höher liegt und man sich mit der Antwort sicher ist.

> **Achtung:**
> **Von der Zahl der erreichbaren Punkte kann nicht immer auf die Anzahl der korrekten Antworten geschlossen werden – es kann Aufgaben geben, bei denen pro Einzelantwort zwei oder mehr Punkte vergeben werden.**

5. Eindeutig arbeiten

Für den Korrektor ist es wichtig, dass er die Absicht des Prüfungskandidaten eindeutig erkennt. Man muss also leserlich schreiben. **Groß- und Kleinbuchstaben** sollen z. B. klar voneinander zu unterscheiden sein. Will man einen Buchstaben oder ein Wort **korrigieren**, dann ist das Falsche mit einem Strich durchzustreichen und die neue Lösung darüber oder dahinter zu setzen. Fehlende Buchstaben, Wortteile usw. werden über den Text gesetzt und mit einem Zeichen eingeordnet.

Ein „Negativbeispiel" soll noch einmal verdeutlichen, worum es geht:

Lebensstandart

Der Prüfungsteilnehmer hat im Nachhinein die falsche Schreibweise erkannt und korrigiert wie folgt:

Lebensstandart

Für den Korrektor ist dies keine eindeutige Lösung; er wird solche Zweifelsfälle regelmäßig als Fehler werten.

Hat man **eine falsche Lösung angekreuzt** und den Fehler bemerkt, dann sollte man auch jetzt eindeutig korrigieren, also das nicht zu wertende Kreuz gut sichtbar unkenntlich machen.

6. Das vorgegebene Material nutzen

Wenn bei Aufgaben irgendwelches Material enthalten ist (z. B. Text, Karte, Statistik, Grafik o. Ä.) oder in der Aufgabe auf ein vorgegebenes Material Bezug genommen wird, so ist dies unbedingt zu berücksichtigen. Die erwartete Lösung beinhaltet dann auf jeden Fall Aspekte, die aus dem Material herauszulesen sind – „allgemeine" Antworten sind hier nicht gefragt.

III. Arbeiten mit unterschiedlichen Aufgabenformaten (in allen Themenbereichen möglich)

Grundsätzlich lassen sich zwei **Aufgabentypen** unterscheiden:

- **Aufgaben mit vorgegebener Lösung:**
  Bei dieser Aufgabenstellung braucht man in der Regel kein einziges Wort niederzuschreiben; man muss vielmehr die **richtige Lösung erkennen** und dann etwas ankreuzen, etwas durchstreichen, etwas unterstreichen, Zahlen oder Buchstaben in leere Felder eintragen usw.

- **Aufgaben mit frei formulierten Antworten:**

    Hier soll man selbst eine Lösung finden und sie dann **in eigenen Worten** auf das Prüfungsblatt schreiben. Die kürzeste Lösungsform ist ein einziges Wort, es kann aber auch das Formulieren eines eigenen Textes verlangt werden.

Die Aufgaben in der Auswahlprüfung sind in der Regel materialgestützt. Dies bedeutet, dass als Ausgangsmaterial Texte, Infografiken, Karten, Statistiken und Tabellen, Fotos etc. verwendet werden. Am häufigsten standen in den letzten Jahren Texte und Infografiken im Mittelpunkt. Weitere Typen von Fragestellungen sind natürlich möglich und auch wahrscheinlich (siehe auch Kapitel IV).

1. Sich mit dem Inhalt von Texten auseinandersetzen

a) Sinnerfassend lesen

Ob jemand einen Text versteht, lässt sich mit den verschiedensten Methoden überprüfen. Eine gebräuchliche Aufgabenart ist die Auswahl-Antwort-Aufgabe, die auch unter der Bezeichnung Multiple-Choice-Aufgabe bekannt ist. Wie der Name schon sagt, sollen unter verschiedenen „Antworten" eine oder mehrere ausgewählt werden, die genau das wiedergeben, was im Text steht. Es kann auch danach gefragt sein, ob eine Aussage einem Text zu entnehmen ist, ob sie dem Text widerspricht oder ob ihr Inhalt vielleicht überhaupt nicht im Text angesprochen wird.

Diese Aufgaben erfordern hohe Konzentration, da immer wieder der Ausgangstext mit den Aussagen der Aufgabe abgeglichen werden muss.

b) Überschriften zu Textabschnitten finden

Auch hier geht es darum zu überprüfen, ob der Sinn eines Textes erfasst wurde. Entweder werden Überschriften angeboten und die passende/n muss/müssen ausgewählt werden oder der Prüfling wird aufgefordert, selbst eine Überschrift zu formulieren. Hierbei ist darauf zu achten, ob eine stichwortartige Formulierung oder ein vollständiger Satz verlangt wird.

c) Einzelne Wörter aus dem Text erklären

Hierbei sollen deutsche Begriffe oder Fremdwörter aus dem Textzusammenhang erklärt werden. Dies kann entweder dadurch geschehen, dass in einer Angebotsliste das/die Synonym/e angekreuzt werden muss/müssen, oder dass man selbst eine Ersatzformulierung finden muss. Wichtig: Das Ersatzwort darf nicht nur den vorgegebenen Begriff „übersetzen", sondern es muss sich in den Text einfügen, darf also den Sinn des Textes nicht verändern.

d) Lückentexte ergänzen

Ein Text zu einem bestimmten Sachverhalt ist vorgegeben, einzelne Wörter fehlen, es sind Lücken dafür vorhanden. Es kann nun eine Liste von Begriffen angegeben sein, aus denen der jeweils passende ausgewählt werden muss. Alternativ ist es auch möglich, dass man den fehlenden Begriff selbst finden muss.

2. Infografiken auswerten

Beim Auswerten von Infografiken sind Wissen, Kombinationsgabe und Konzentration gefragt. Die hier geforderte Kompetenz umfasst die sorgfältige Analyse unterschiedlicher Diagramme im Zusammenhang mit vorgegebenen Aussagen bzw. Lückentexten. Solche Schaubilder bieten sowohl sprachliche als auch bildliche Informationen. Lesen Sie zunächst die Aufgabenstellung konzentriert durch.

Achten Sie auf die **schrittweise Analyse** der Infografik, bevor Sie sich den Aufgaben widmen:

- Achten Sie genau auf die Überschrift, ggf. Untertitel, Diagrammarten, Zeitangaben, Größenangaben, Quellen, bildliche Darstellungen usw.
- Sind in der Infografik die gleichen **Größenordnungen** angegeben wie in den Aussagen hierzu? Stellen Sie sicher, dass Sie derartige Zahlenangaben richtig auswerten, wenn z. B. im Schaubild von „1 003 Millionen Euro" die Rede ist und in einer Aussage von „über 1 Milliarde Euro", wird der gleiche Wert ausgedrückt.
- Achten Sie darauf, ob die Daten gesichert sind oder ob es sich um **Schätzungen** bzw. Prognosen handelt.

- Fallen Sie nicht darauf herein, wenn die **Einheiten** ausgetauscht werden – hier soll Ihr konzentriertes Lesevermögen getestet werden. Wenn z. B. im Schaubild von prozentualen Angaben die Rede ist, in einer Aussage dagegen von „Millionen Dollar", wurde bewusst die falsche Einheit gewählt.
- Stellen Sie sicher, dass Sie Prozentangaben und Brüche in ihrer Größenordnung **abschätzen** können. Es könnte sein, dass in der Infografik z. B. von 20 % der Bevölkerung die Rede ist, in einer Aussage hierzu aber von „jedem Fünften", was den gleichen Anteil darstellt.
- Übersehen Sie auch nicht das **Kleingedruckte**, das oftmals mit einem Sternchen versehen am Rand steht. Diese Informationen sind häufig wesentlich für die Bearbeitung der Aufgaben.
- Oftmals hilft es auch nach „**Signalwörtern**" zu suchen, wenn in den Aussagen z. B. ein bestimmtes Land oder eine bestimmte Zahl genannt werden.
- Stellen Sie sicher, dass Sie die unterschiedlichen **Diagrammarten** benennen können: Kreis-, Torten-, Linien-, Flächen, Balken-, Säulendiagramm etc.
- Achten Sie darauf, dass im Text der Aufgaben **synonyme** Begriffe zu denen in der Infografik verwendet werden könnten, z. B. Export statt Ausfuhr, Aufschwung statt Expansion.
- Unterscheiden Sie den **Herausgeber** der Infografik (häufig hinter dem ©-Zeichen angegeben) von der Datenquelle (häufig als „**Quelle**" bezeichnet).
- Streichen Sie im Aufgabenheft entscheidende Zahlen, Fakten und Informationen an, die Ihnen beim Auswerten helfen könnten. Nur der Lösungsbogen wird zur Bewertung herangezogen.

3. Karten lesen

Beim Lesen topografischer oder thematischer Karten sollten an erster Stelle der Titel der Karte und das Lesen der Legende, also die Beschreibung der einzelnen grafischen Elemente, stehen. Diese hilft Ihnen dabei, die räumliche Verteilung der thematisierten Phänomene festzustellen und dann der Aufgabe entsprechend zu interpretieren. Der Maßstab der Karte lässt darauf schließen, wie detailgenau die Darstellung ist.

4. Karikaturen interpretieren

Mit einer Karikatur übt der Zeichner auf ironische Weise Kritik an aktuellen Sachverhalten. Häufig werden dabei bestimmte Merkmale, z. B. von Personen, überspitzt dargestellt.

Bevor Sie die Aufgabe bearbeiten, ist es sinnvoll, für sich selbst den Inhalt der Karikatur zu erfassen. Dies gelingt am besten in zwei Schritten:

(1) Beschreibung der Darstellung
   Was bzw. wer ist abgebildet? Wie sind die Inhalte angeordnet? Fallen Besonderheiten auf?
(2) Deutung der Darstellung
   Was bzw. wer soll mit den Bildelementen dargestellt werden? Warum verwendet der Zeichner genau diese Darstellung? Was ist die Aussage der Karikatur? Welche Wirkung hat sie?

Beispiele: Aufgabe 21 der Prüfung für das Einstellungsjahr 2013 und Aufgabe 19 b) der Prüfung für das Einstellungsjahr 2014.

5. Logikaufgaben lösen

Unabhängig von den Inhalten der Schulfächer werden auch immer wieder Aufgaben gestellt, in denen Sie logisches Denken und Kombinationsgabe unter Beweis stellen sollen. Diese Aufgabenformate lassen sich durch wiederholtes Lösen von Aufgabenbeispielen trainieren. Hierfür finden sich zahlreiche Verlagsangebote, z. B. auch zur Vorbereitung auf Einstellungstests in der freien Wirtschaft.

Beispiel: Aufgabe 26 der Prüfung für das Einstellungsjahr 2014.

Allgemeine Informationen

IV. Vorbereitungstipps zu den einzelnen Fachbereichen

> **Hinweis:**
> Konkrete Aufgabenbeispiele aus allen Fachbereichen mit Lösungen und Lösungshinweisen finden Sie im Teil C dieses Buches.

1. Deutsche Sprache

Aus der bisherigen Aufgabenstellung für die Auswahlprüfung lassen sich drei verschiedene **Aufgabenbereiche** für das Fach Deutsch ableiten:

a) Aufgaben zum Textverständnis

Der Prüfling soll zeigen, dass er den **Sinn** und die **Absicht** eines vorgegebenen Textes verstanden hat.

> **Vorbereitungstipps:**
> - Lesen Sie Texte, insbesondere Sachtexte, abschnittsweise konzentriert durch. Versuchen Sie, die Sinnabschnitte in eigenen Worten zusammenzufassen.
> - Überlegen Sie, in welcher Absicht der Text geschrieben wurde. Mit welchen stilistischen Mitteln (z. B. Wortwahl, Satzbau) versucht der Autor bzw. die Autorin, eine beabsichtigte Wirkung bei der Leserschaft zu erzielen?

b) Aufgaben, die sprachliche Grundfähigkeiten überprüfen

Sie befassen sich z. B.
- mit dem Grundwortschatz (gängige Fremdwörter eingeschlossen),
- mit der Fähigkeit, Begriffe zu ordnen oder zusammenzufassen,
- mit der Fähigkeit, sich einfach und klar auszudrücken,
- mit der Fähigkeit zu sprachlogischem Denken,
- mit Kenntnissen in der Rechtschreibung, Zeichensetzung und Grammatik.

> **Vorbereitungstipps:**
> - Wenn Ihnen in Texten ein Fremdwort begegnet, überlegen Sie, durch welches deutsche Wort dieses ersetzt werden könnte, ohne dass sich der Sinn des Satzes verändert.
> - Wiederholen Sie am Beispiel eines beliebigen Themas den Weg von der Stoffsammlung über die Stoffordnung bis zur Gliederung in Oberbegriffe und Unterpunkte. Welche Stichpunkte gehören zusammen? Was wäre ein möglicher Oberbegriff?
> - Trotz oder gerade wegen der Möglichkeiten der elektronischen Textverarbeitung rückt die Überarbeitung und Optimierung von Texten immer mehr in den Mittelpunkt. Dies kann an selbst verfassten Texten gut geübt werden durch die Überprüfung unter folgenden Aspekten:
>   - *Rechtschreibung, z. B.:* Sind Tippfehler enthalten? Werden die Regeln der Rechtschreibung eingehalten (z. B. Groß- und Kleinschreibung, Zusammen- und Getrenntschreibung, S-Schreibung)?
>   - *Grammatik, z. B.:* Sind die Sätze vollständig? Werden die Fälle, insbesondere Dativ und Akkusativ, korrekt verwendet? Steht bei der indirekten Rede das Prädikat im Konjunktiv? Sind die einzelnen Sätze logisch miteinander verknüpft?
>   - *Zeichensetzung, z. B.:* Stimmt die Kommasetzung?
>   - *Sprachstil/Ausdruck, z. B.:* Werden treffende, eindeutige Begriffe verwendet? Ist der Satzbau abwechslungsreich? Sind die Satzgefüge korrekt?
> - Generell ist es auf jeden Fall sinnvoll, sich vor der Prüfung nochmals mit den wichtigsten Regeln der deutschen Grammatik und Rechtschreibung zu befassen.

c) Aufgaben, bei denen Sachverhalte schriftlich dargestellt werden sollen

Hier muss in der Regel ein **zusammenhängender Text** (z. B. eine Argumentation) ausgearbeitet und niedergeschrieben werden. Auch kann verlangt sein, dass ein vorhandenes Argument auf seine Bestandteile und die logischen Zusammenhänge hin untersucht werden muss.

Vorbereitungstipps:
- *Voraussetzung für überzeugendes Argumentieren ist die Kenntnis des Aufbaus eines Arguments. Dieses besteht immer aus einer Behauptung, einer dazu passenden Begründung und einem erläuternden Beispiel. Inhaltlich müssen diese Teile schlüssig aufeinander bezogen sein. Das Argumentieren lässt sich zum Beispiel auch mündlich üben, indem man versucht, sein Gegenüber von einem Sachverhalt zu überzeugen. Ob dies gelungen ist, lässt sich leicht an der Reaktion ablesen.*
- *Wenn Sie ein Argument schriftlich formulieren, achten Sie unbedingt neben inhaltlichen Aspekten auch auf Ausdruck, Sprachstil, Grammatik, Rechtschreibung und Zeichensetzung.*

2. Geografie

In der Auswahlprüfung wird die geografische Allgemeinbildung getestet. Bei der Lösung der entsprechenden Aufgaben müssen wichtige geografische **Fachbegriffe** korrekt verwendet werden, z. B.:

- Weltall, Sonnensystem, Milchstraße, Stern, Planet, Erdrevolution, Erdrotation, Polartag, Polarnacht
- Äquator, Breitenkreis (oder Breitengrad), Wendekreis, Polarkreis, Längenhalbkreis (Meridian oder Längengrad), geografische Lage
- physische Karte, thematische Karte, Legende, Maßstab
- Windrose, Wetter, Klima, Klimadiagramm, Klimazonen, Monsun
- Vegetationszonen, Höhenstufen, Waldgrenze, Permafrost
- Großlandschaften, Erosion, Gletscher, Moräne, Wasserscheide, Gezeiten
- Nomaden, Oase, Brandrodung, Monokultur, Plantage, Agrarreform, Ackerbau, Boden, Flurbereinigung, Fruchtwechsel, Grünlandwirtschaft, Intensivierung, Massentierhaltung, Mechanisierung, ökologische Landwirtschaft, Sonderkulturen, Vollerwerbs- und Nebenerwerbslandwirt, Tourismus
- Industrialisierung, Bruttosozialprodukt bzw. Bruttoinlandsprodukt, Wirtschaftssektoren (primärer, sekundärer, tertiärer Sektor), Infrastruktur
- Bevölkerungsexplosion, Geburtenrate, Bevölkerungspyramide
- Europäische Union, Globalisierung

Vorbereitungstipp:
Für die ausführlichere Information empfiehlt es sich, den Anhang der in der Schule verwendeten Erdkundebücher etwas genauer zu studieren oder die Begriffe im Internet zu recherchieren.

Meist werden Aufgaben z. B. zu folgenden **Bereichen** gestellt:

a) Grundlegende Kenntnisse und Arbeitsweisen

Das Beherrschen spezifischer grundlegender Arbeitstechniken ist als Vorbereitung auf die Prüfung Voraussetzung.
- Bestimmung der Himmelsrichtungen
- Berechnung des Maßstabs und Bestimmung der Entfernung
- Auffinden von Orten mithilfe des Verzeichnisses und der Planquadrate im Atlas
- Lesen von Karten, Stadtplänen etc.
- Orientierung auf dem Globus mithilfe des Gradnetzes
- Auswertung von Tabellen, Texten, Diagrammen
- Umgang mit Legenden in thematischen und topografischen Karten

Vorbereitungstipp:
Man kann z. B. wesentliche Informationen thematischer und topografischer Karten spielerisch miteinander verbinden, z. B.: „Kempten (... m über N. N.) gehört zum bayerischen Regierungsbezirk ... Die Stadt liegt am Ufer des Flusses ... der ca. ... km weiter nördlich, bei ..., in die ... mündet. Die bayerische Landeshauptstadt München ist etwa ... km, Augsburg ca. ... km entfernt. Mit ... Millimeter durchschnittlichem Niederschlag und einer Durchschnittstemperatur von ... Grad Celsius im Jahr ist die Stadt in die ... Klimazone einzuordnen. ... etc.

Allgemeine Informationen

b) Topografisches Grundwissen

Die geografische Lage der Kontinente und der Staaten auf der Erde und in Europa sollten bekannt sein und größere Gewässer sicher verortet werden können. Im Einzelnen sollten in der Prüfung z. B. folgende Kenntnisse abrufbar sein:

- Namen und die räumliche Verteilung der Kontinente und Weltmeere; auch bedeutende Meerengen und Kanäle auf der Erde
- Meere und Meeresteile, die Europa umgeben
- die wichtigsten Gebirge, Seen und Flüsse Europas (Kenntnis und räumliche Zuordnung)
- die naturräumliche und politische Gliederung Deutschlands; Landeshauptstädte; Nachbarstaaten mit Hauptstädten (Kenntnis und Lagebestimmung)
- die wichtigsten Flüsse, Seen, Gebirgszüge in Bayern; Städte und Regierungsbezirke; angrenzende Staaten (Kenntnis und Lagebestimmung)
- Staaten und andere geografische Orte, die in den Medien aktuell Schlagzeilen machten

> **Vorbereitungstipp:**
> Es empfiehlt sich, regelmäßig aktuelle Informationen zum lokalen, regionalen, europa- und weltweiten Tagesgeschehen aus den Medien auf einer entsprechenden Karte zu verorten.

c) Geografische Grundkenntnisse und -zusammenhänge

Die Erde als Himmelskörper

Immer wieder werden in der Auswahlprüfung auch Fragen zu diesem Themenbereich gestellt. Hierzu sollten grundlegende Kenntnisse vorhanden und Zusammenhänge erklärt werden können:

- Entstehung der Tages- und Nachtzeiten
- Entstehung der Jahreszeiten auf der Nord- und Südhalbkugel
- Gradnetz der Erde und Lagebestimmung geografischer Orte
- Zeitzonen und Zeitumrechnungen

Wetter und Klima

Der Geografieunterricht ab der 5. Jahrgangsstufe befasst sich mit den Grundfragen aus den Bereichen Wetter und Klima. Hierzu müssen z. B. in der Auswahlprüfung oft Aufgaben zu folgenden Themen bearbeitet werden:

- Wetterbausteine, Wettermessung, Wetterkarte und Bedeutung der Wettervorhersage, Auswertung von Klimadiagrammen
- Grundzüge des Klimas in Europa, Bausteine des Klimas und deren Zusammenwirken: Aufbau der Atmosphäre, Sonneneinstrahlung und Temperatur, Luftfeuchtigkeit und Niederschlag, Luftdruck und Winde, Entstehung des Föhns
- die mathematischen Klimazonen der Erde (Polarzone, gemäßigte Zone, Tropen)
- Grundzüge, Entstehung sowie charakteristische Merkmale der globalen Klima- und Vegetationsgürtel (Sonneneinstrahlung, Passatkreislauf, Innertropische Konvergenzzone)
- Verteilung wichtiger Klimatypen auf der Erde (z. B. boreales, kontinentales, ozeanisches Klima etc. und deren Merkmale)

Wechselbeziehungen zwischen Mensch und Umwelt

- Verstädterung (Verdichtungsräume) – Landflucht
- Landwirtschaft (konventionell, ökologisch), Agrarpolitik der EU
- Verkehr und Industrie (z. B. Wirtschaftsstandort Deutschland, Hightech-Standort München)
- Bevölkerungsentwicklung (in Deutschland und der Welt) und Migration
- Ursachen und Auswirkungen von Klimaveränderungen
- Tourismus und seine Folgen

> **Vorbereitungstipp:**
> Hilfreich ist ein wiederholendes Durcharbeiten des Unterrichtsstoffes. Zur Prüfungsvorbereitung sollte unbedingt auch das Internet herangezogen werden, um sich ggf. über aktuelle Entwicklungen zu informieren.

3. Geschichte (20. und 21. Jahrhundert)

Der Verordnungstext zur Auswahlprüfung legt in § 17[1] als einen Gegenstand der Auswahlprüfung den Geschichtszeitrahmen 20. und 21. Jahrhundert fest. Dieser Zeitraum wird nicht in allen Schularten von den Lehrplänen für das Fach Geschichte abgebildet. Die Mittelschule behandelt die Zeitspanne in den Jahrgangsstufen 8 und 9; sie endet mit der deutschen Einheit 1990. In der Realschule wird bis zum Abschluss der 9. Jahrgangsstufe die unmittelbare Zeit nach dem Ende des Zweiten Weltkriegs erreicht. Der Geschichtsunterricht am Gymnasium führt in der 9. Jahrgangsstufe in der Chronologie bis zu den 60er Jahren des 20. Jahrhunderts. Da die Auswahlprüfung selbst keine schulische Leistungserhebung darstellt, liegt es an den jeweiligen Prüfungsteilnehmern selbst, sich auf den **Zeitabschnitt von 1900 bis in die Gegenwart** vorzubereiten.

Dabei gibt es grundsätzlich zwei Bereiche, aus denen die verlangten Kenntnisse abzuleiten sind:

a) die Chronologie

b) die Fachmethoden

Unter der **Chronologie** ist hier die zeitliche Abfolge der von der Geschichtswissenschaft als bedeutend definierten Ereignisse, Epochen und Entwicklungen zu verstehen. Bei der Auswahlprüfung kommen überblicksmäßig etwa diese in Betracht:

– Imperialismus

– Erster Weltkrieg und die Folgen

– Weimarer Republik, die Zwischenkriegszeit

– NS-Diktatur und Zweiter Weltkrieg

– Deutschland und die Welt nach 1945

– Kalter Krieg und Teilung

– Die Entwicklung der beiden deutschen Staaten

– Der weltpolitische Wandel nach 1970

– Das Ende der Blöcke, das Ende der Teilung

– Die Einigung Europas

– Konflikte, Krisen und globales Zusammenwirken

Von keinem Prüfungsteilnehmer wird erwartet, alle diese Felder im Detail zu kennen. Verlangt wird vielmehr eine generelle Orientierung, welche die politische, soziale, ökonomische, technische und kulturelle Entwicklung im Zeitraum einschließt. Da ein Detailwissen nicht grundsätzlich vorausgesetzt wird, sind die **methodischen Fertigkeiten und Fähigkeiten** im Geschichtlichen wichtig. So sind als wesentliche Beispiele zu nennen:

– Texte inhaltlich erfassen und daraus Informationen entnehmen bzw. solche einordnen oder bewerten

– Frage- und Aufgabenstellungen verstehen und ihnen genau folgen

– mit schriftlichen Quellen umgehen

– Bildquellen einordnen, nutzen und ggf. interpretieren

– Statistiken, Schaubildern, Grafiken und Landkarten Informationen abgewinnen sowie sie in Zusammenhänge einordnen

– materialgestützt Zusammenhänge herstellen

> **Vorbereitungstipps:**
> – *Vergewissern Sie sich der Gedenktage, der Jubiläen, der „runden Erinnerungen" im Jahr Ihrer Prüfung. Fragen Sie sich etwa: Was geschah vor 10, 25, 50, 75 oder 100 Jahren? Womit beschäftigen sich in diesen Zusammenhängen die Medien? Verfolgen Sie deshalb im Kalenderjahr der Auswahlprüfung die entsprechenden Nachrichten in den verschiedenen Medien.*
> – *Besorgen Sie sich Informationen zu den Schwerpunkten in unserer aktuellen medialen Erinnerungs- und geschichtlichen Debattenkultur.*

---

[1] vgl. Verordnung zur Regelung der besonderen Auswahlverfahren für den Einstieg in der zweiten und dritten Qualifikationsebene im nichttechnischen Bereich der Leistungslaufbahn (Auswahlverfahrensordnung – AVfV) vom 8. Februar 2000; Fundstelle: GVBl 2000, S. 48; zuletzt geändert durch Verordnung vom 5. Januar 2011 (GVBl S. 12)

Allgemeine Informationen

- *Stellen Sie für sich auf der Basis der Materialien Zusammenhänge her. Überprüfen Sie diese auch medial.*
- *Nutzen Sie diesbezügliche Schulbücher, populärwissenschaftliche Literatur und die Vielfalt der Medien.*
- *Arbeiten Sie zur Übung mit den vorkommenden Aufgabenformen mithilfe dieses Vorbereitungshefts.*
- *Füllen Sie Ihr Allgemeinwissen weiter auf.*
- *Nutzen Sie Ihre Kombinationsgabe (z. B. Ausschlussverfahren bei einschlägigen Aufgabentypen).*
- *Schulen Sie Ihre Methodenkompetenz im Umgang mit Quellen und Materialien. Auch hier finden Sie im Teil IV etliche Beispiele.*

4. Wirtschaft und Recht

Für das Fach Wirtschaft und Recht finden sich meist folgende **Aufgabenbereiche** in der Auswahlprüfung:

a) Aufgaben zum tieferen Verständnis des Haupttextes

Der Prüfling soll zeigen, dass er den **Inhalt** eines vorgegebenen Haupttextes verstanden hat – oftmals wird dabei auch in Infografiken oder weiteren Zusatztexten auf den Haupttext Bezug genommen.

Vorbereitungstipps:
- *Lesen Sie Sachtexte, Zeitungsartikel oder Internetmeldungen abschnittsweise konzentriert durch. Versuchen Sie, die Sinnabschnitte in eigenen Worten zusammenzufassen. Können Sie erkennen, an welchen Stellen Hintergrundinformationen gegeben werden, Vor- oder Nachteile erwähnt werden oder Argumente für eine bestimmte Vorgehensweise ausgeführt werden?*
- *Überlegen Sie, in welcher Absicht eine Infografik erstellt und zu dem Text passend ausgewählt wurde: Woher stammt die Grafik, sind die Daten umfassend oder stellen sie nur einen Teilbereich dar, soll eine Meinung mithilfe der Daten begründet werden?*
- *Unterstreichen Sie wichtige Begriffe in Zeitungsmeldungen zu den Bereichen Wirtschaft und Recht. Falls Ihnen Schlüsselbegriffe unbekannt sind, suchen Sie – auch auf zuverlässigen Internetseiten – nach Erklärungen und schreiben Sie diese daneben.*

b) Aufgaben zum Hintergrundwissen im Fach Wirtschaft und Recht

Sie befassen sich zunächst zum einen mit **Aufgaben aus dem Bereich Wirtschaft** ...

Grundbegriffe
- Bedürfnisse, Bedarf, Sachgüter und Dienstleistungen, ökonomisches Prinzip
- Kenntnisse rund ums Thema Marktwirtschaft: Angebot und Nachfrage, Preisbildung, Marktformen, verantwortungsbewusstes Verbraucherverhalten
- soziale Marktwirtschaft als Wirtschaftsordnung

Wirtschaftliches Handeln in Unternehmen
- Aufbau und Aufgaben eines Fertigungsunternehmens, Produktionsfaktoren
- einfacher Wirtschaftskreislauf: Beziehungen Privathaushalt – Unternehmen

Kreditinstitute und Zahlungsverkehr
- aktuelle Formen des Zahlungsverkehrs
- Aufgaben des Geldes
- Bedeutung und Aufgaben der Kreditinstitute
- Börse als Markt für Wertpapiere

Der Mensch in der Arbeitswelt
- Arbeitsmotive
- Arbeitsmarkt
- Arten und Folgen der Arbeitsteilung
- neue Anforderungsprofile

- Aufgaben der Bundesagentur für Arbeit
- Berufsfindung und Ausbildung, Berufsausbildungsvertrag
- Erwerbseinkommen: Lohnabrechnung, Sozialversicherungsbeiträge, Steuerabzüge
- Tarifvertrag, berufliche Interessenvertretungen
- Wettbewerbsfähigkeit auf dem internationalen Markt

… und zum anderen mit **Grundbegriffen aus dem Bereich Recht:**
- Grundzüge der Rechtsordnung der Bundesrepublik Deutschland
- Recht und Lebensalter: Rechtsfähigkeit, Geschäftsfähigkeit
- wichtige Verträge des Alltags: Kaufvertrag, Werkvertrag

Vorbereitungstipps:
- *Verfolgen Sie spätestens ein halbes Jahr vor der Auswahlprüfung konzentriert die Nachrichten und weitere Medienangebote zu den Themenbereichen Politik und Wirtschaft: Hier werden oftmals wichtige Begriffe und Zusammenhänge erklärt.*
- *Leihen Sie sich die Schulbücher für Wirtschaft und Recht 9. Klasse und Sozialkunde 10. Klasse (fürs Kapitel WiR wegen der volkswirtschaftlichen Themen) aus und schmökern Sie regelmäßig darin. Es bleibt jedes Mal etwas hängen – alles auf einmal werden Sie auf die Prüfung ohnehin nicht neu lernen können. Aber mit seinem Vorwissen gelegentlich die Lehrer im Unterricht zu verblüffen, ist ja auch nicht schlecht.*
- *Studieren Sie die regelmäßig vorkommenden Aufgabenformen mithilfe dieses Vorbereitungshefts.*
- *Speziell zu den Themen Betriebs- und Volkswirtschaftslehre können Sie von verschiedenen Verlagen Übungshefte erwerben und das Grundwissen erarbeiten – je mehr Sie schaffen, desto besser.*
- *Für einige Themenbereiche reicht Ihnen ein Überblickswissen für die Auswahlprüfung, z. B. wenn Sie Begriffe zuordnen, in einem Lückentext ergänzen oder nicht passende Begriffe aussortieren sollen.*

---

5. Staatsbürgerliche Kenntnisse

Der Auswahlprüfung unterzieht man sich, um in einer im weitesten Sinne staatlichen Einrichtung zukünftig tätig zu sein. Verständlich, dass grundlegende Kenntnisse unseres staatlichen Lebens auf seinen verschiedenen Ebenen (z. B. Gemeinde, Kreis, Bezirk, Land, Bund, Europa und überstaatliche Strukturen) erwartet werden.

Grundsätzlich sind dies vier Felder:
- Die freiheitlich-demokratische, föderale, sozial- und rechtstaatliche Ordnung (z. B. Grundgesetz und Verfassung, Grundrechte, Gewaltenteilung, das Volk, von dem alle Staatsgewalt ausgeht, der Bund und die Länder – Aufgabenteilung, Aufgabenunterschiede)
- Institutionen und Prozesse in dieser Ordnung (z. B. die Verfassungsorgane der verschiedenen Ebenen, ihr Wirken und ihr Zusammenwirken, das parlamentarische System, die Teilnahme des Einzelnen am politischen Leben und an politischen Entscheidungen, Wahlen und Abstimmungen, Kontrolle und Begrenzung politischer Macht, die Rolle der Parteien, der Gewerkschaften, der Medien, von Lobbys, Interessenverbänden und der Öffentlichkeit)
- Legitimierung staatlicher Macht und staatlichen Handelns (z. B. das Volk als Souverän, Bindung an Recht und Gesetz)
- Unser Staat als Partner in Europa und der Welt (z. B. Strukturen und Institutionen europäischer Zusammenschlüsse, die Vereinten Nationen, Bündnissysteme, Hilfe, Unterstützung und Förderung im Rahmen der globalen Zusammenarbeit, Migration und Globalisierung als Herausforderungen)

Auch hier wird das gängige Schulwissen nicht immer ausreichen, da nicht alle Prüfungsteilnehmer auf sozialkundlichen Unterricht zurückgreifen können. Deshalb sollte man auch auf diesem Prüfungsgebiet durch inhaltliche Kenntnisse und die Fähigkeit des Handhabens verschiedener Materialien mit den Aufgaben umgehen können. Fachthemenübergreifend gilt das bereits Vorgestellte auch hier:
- Beachten der aktuellen politischen Ereignisse im Prüfungsjahr, etwa Wahlen
- Informieren über die oben genannten Felder – immer mit dem Wissen, dass auch in den Aufgaben Materialien zur Bearbeitung bereitgestellt werden

- Schulen der Analysefähigkeit, Aufgabenformen zu „knacken" durch Kombinieren oder Ausschließen (Beispiele im Folgenden)
- Nutzen von Literatur und Medien zum Erwerb des verlangten Wissens (z. B. Sozialkundebücher, Schriften der Bayerischen Landeszentrale für politische Bildungsarbeit, der Bundeszentrale für politische Bildung – und natürlich auch deren Internetauftritte unter http://www.blz.bayern.de und http://www.bpb.de)

> **Vorbereitungstipps:**
> *Zweckmäßig ist es, regelmäßig aus den Medien aktuelle, einschlägige Informationen zum politischen Geschehen zu sammeln, um sich einen Überblick zu verschaffen, der dann wissensmäßig zu vertiefen ist.*

Die Prüfungsaufgaben für das Einstellungsjahr 2013

Vergangenheit und Zukunft der Energie

Hätte der Mensch nicht gelernt, die Energie zu beherrschen, hätten wir uns niemals zu dem entwickelt, was wir heute sind. Zu allen Zeiten haben die Menschen verstanden, dass sie sich die Natur und deren Ressourcen nutzbar machen mussten. Die Beherrschung des Feuers war ein ausschlaggebendes Element in dieser Entwicklung, denn sie ermöglichte es den Menschen, sich zu wärmen, nachts Licht zu haben und somit unter besseren Bedingungen zu leben. Auch die Kunst, Nahrungsmittel zu kochen, war ein wichtiger Schritt. Man weiß heute nicht mehr, ob die Idee, gekochte Lebensmittel zu essen, dem Zufall entsprang. So wurde jedoch eine für die Gesundheit weniger gefährliche Ernährungsweise möglich, denn rohes Fleisch kann zahlreiche Keime enthalten. Andererseits ließen sich die Nahrungsmittel nun auch leichter kauen und verdauen.

Des Weiteren lernte der Mensch, sich die Energie gezähmter Tiere zu Nutze zu machen. Dies war sehr hilfreich, um auf den Feldern große Bodenflächen zu pflügen. Indem er Zugtiere vor Wagen spannte, konnte der Mensch die Körperkraft dieser Tiere nutzen, um schwere Lasten zu transportieren, wodurch Handel möglich wurde.

Der Mensch lernte auch, Wasser zu kanalisieren, um die Energie, welche dieses lieferte, zu nutzen. Im 1. Jahrhundert v. Chr. beschrieb der römische Architekt Vitruvius äußerst präzise die Funktion einer Wassermühle. Schließlich existierten Schöpfräder bereits im 2. Jahrtausend vor unserer Zeitrechnung. Ein Zahnradgetriebe, welches durch Wasserkraft in Bewegung gesetzt wurde, übertrug die Drehbewegung auf einen Mühlstein. Diese Systeme nutzten ebenfalls die Wasserenergie. Mit Wasser- und später auch Windmühlen konnten große Mengen Getreide gemahlen werden, um Grundnahrungsmittel wie Brot und Teigwaren herzustellen.

Die Entwicklung der Dampfmaschine Ende des 17. und im 18. Jahrhundert war ein wahrhaftiger Wendepunkt in der Geschichte der Menschheit, sie beeinflusste nicht nur die Technik der damaligen Zeit, sondern läutete ein neues Zeitalter ein: den Beginn der Industrialisierung. Zur Energiegewinnung wurden fossile Brennstoffe verwendet, z. B. Kohle, die in geologischer Vorzeit aus abgestorbenem Pflanzenmaterial entstanden waren. Die Energie aus der Kohle verwandelte aber auch Eisen in Stahl. Stahl wiederum ermöglichte den Bau von Wolkenkratzern und das Wachsen der Städte.

1938 gelang Otto Hahn und Fritz Straßmann der Nachweis der Spaltung des Uranatoms. Mitte der 1950er Jahre gab es erste Versuche, Kernenergie zivil zu nutzen. Im Juni 1961 wurde zum ersten Mal in der Bundesrepublik Deutschland mittels Kernenergie erzeugter Strom in das Verbundnetz eingespeist. In den folgenden Jahrzehnten bauten viele große Industriestaaten Kernkraftwerke, deren Leistung pro Reaktor schnell anwuchs. Energie wurde zu einem sehr wichtigen Wirtschaftsfaktor, denn ihre Beherrschung ermöglichte einen gigantischen Aufschwung der Ertragskraft.

Seit Beginn des industriellen Zeitalters hat die Menschheit einen Großteil der Wirtschaft auf der Nutzung fossiler Energieträger aufgebaut. Dabei wurden und werden weiterhin wertvolle Rohstoffe innerhalb eines kurzen Zeitraums unwiederbringlich verbrannt. Heute rechnet man damit, dass die bekannten Reserven bei Öl, Kohle und Gas in nicht allzu ferner Zeit zur Neige gehen werden. Auf die Atomenergie können wir wohl in Zukunft auch nicht setzen: Als Konsequenz aus den Ereignissen in Fukushima – im März 2011 beschädigte ein schweres Seebeben das dortige Kernkraftwerk – beschloss der Bundestag am 30. Juni 2011 den Ausstieg aus der Kernenergie bis spätestens 2022.

So wie es aussieht, stehen der Energieversorgung der Menschheit grundlegende Veränderungen bevor. Läuft unser MP3-Player in Zukunft mit Solarzellen? Fahren wir mit abgasfreien Elektrobussen zur Schule und fliegen – heute noch eine Vision – mit Flugzeugen in den Urlaub, die durch Wasserstoff angetrieben werden? Funktionieren Kühlschrank, Fernseher oder Föhn vielleicht irgendwann mit umweltfreundlichem Sonnenstrom, der in der Sahara erzeugt wird?

Beantworten kann man diese Fragen heute noch nicht – zumindest nicht ganz sicher. Aber eines steht schon jetzt fest: Die „Energie-Welt" der Zukunft wird wohl ganz anders aussehen als heute. Vor allem erneuerbare Energien werden wohl im Mittelpunkt stehen. Sie belasten nicht die Umwelt und sind unerschöpflich! So strahlt z. B. die Sonne in nur einer halben Stunde so viel Energie auf die Erde, wie die gesamte Menschheit in einem Jahr verbraucht. Natürlich kann man davon nur einen kleinen Teil umsetzen – aber trotzdem: Sonne und auch Wind, Wasserkraft und Biomasse könnten eines Tages die fossilen Energieträger wie Kohle und Öl, aber auch die Kernenergie ablösen.

Quelle: www.poweron.ch und www.dlr.de (verändert/ergänzt)

Text 2 Dieser Text ist für die Bearbeitung der Aufgaben Nummern 14 und 15 notwendig.

Vor- und Nachteile von Windenergie

2 a): Zeitungsausschnitt

Wind als Energiequelle

1 Wind ist ein billiger, massenhaft vorhandener, sauberer und erneuerbarer Rohstoff, der für die Zukunft immer
2 mehr an Bedeutung gewinnt. Doch alles hat zwei Seiten, auch die Windenergie: Das sind die Nachteile und
3 Vorteile.

4 Die Vorzüge der Nutzung von Windenergie, der klaren Nummer eins unter den erneuerbaren Energien, liegen
5 eigentlich auf der Hand. Wind, ein Geschenk der Natur wie die Sonne, ist kostenlos, reichlich und dauerhaft
6 zu haben. Für relativ rohstoffarme Länder wie Deutschland bedeutet das zusätzlichen Verzicht auf Importe.

7 Betrachtet man die Nachteile und Vorteile von Windenergie genauer, wird deutlich, dass keine Form der Ener-
8 giegewinnung so wenig Platz benötigt. Die tatsächlich verbrauchte Fläche durch Windkraftanlagen ist minimal,
9 die Investitionskosten amortisieren sich schnell.

10 Außerdem erfolgt kein Ausstoß von Schadstoffen wie Kohlendioxid, Stickoxid und Schwefeldioxid wie bei der
11 konventionellen Stromerzeugung in Kraftwerken. Sehr geringe Emissionen an Gasen (wie Kohlendioxid) fallen
12 lediglich bei der Herstellung, dem Aufbau und der Wartung von Windkraftanlagen an.

13 Und letztlich kann die Nutzung der Windenergie mit all ihren Nachteilen und Vorteilen zur Stromerzeugung
14 noch sehr stark ausgebaut werden. Gerade bei der Errichtung von Off-Shore-Windparks auf dem Meer gibt es
15 noch viele potenzielle Flächen, die genutzt werden können. Für die Herstellung, Wartung und Weiterentwick-
16 lung von Windkraftanlagen bedarf es vieler Arbeitskräfte. Neben Handwerkern, Ingenieuren und Kaufleuten
17 sind auch Juristen in der Branche tätig. In Europa beschäftigt die Windindustrie derzeit rund 70.000 Men-
18 schen. Wird der Aufbau weiterer Anlagen so forciert wie bisher betrieben, werden noch viele weitere Arbeits-
19 plätze in diesem Bereich entstehen.

2 b): Anzeige

Windenergie: Weniger Nachteile als Vorteile

20 Es ist sicherlich ein Nachteil des Windes, dass er keine zuverlässige Energiequelle darstellt. Er ist nicht immer
21 am richtigen Ort in der richtigen Stärke vorhanden. Der Erfahrung nach bläst er relativ regelmäßig in Küsten-
22 nähe und auf Bergen und genau dort ist es schwer, die Industrie anzusiedeln. Hohe Subventionen sind nötig,
23 um genau dort die Ansiedlung von Windfarmen zu gewährleisten. Weil der Wind schließlich keine konstanten
24 Mengen an Strom liefern kann, sind andere Energieproduzenten wie die Atom- oder Kohlekraftwerke nötig.

25 Außerdem: Wind lässt sich nicht speichern, also muss er direkt dort in transportfähigen elektrischen Strom
26 umgewandelt werden, wo er aufkommt.

27 Gewaltige Windenergieanlagen werden heute als Versuchskraftwerke gebaut, doch trotz ihrer Größe können
28 sie keine ganze Stadt mit Strom versorgen. Man bräuchte tausend dieser Anlagen, um die gleiche Leistung wie
29 ein modernes Kraftwerk zu erzeugen. Aufgrund von lästigen Geräuschen durch die Windkraftanlagen sind
30 Grenzwerte zu beachten und bestimmte Mindestabstände zu Wohnanlagen einzuhalten.

31 Doch insgesamt kann man sagen, dass es in Sachen Windenergie weniger Nachteile als Vorteile gibt. Auch
32 wenn sich Landschafts- und Vogelschützer nach wie vor gegen die Errichtung von Windfarmen richten.
33 Da allerdings in Zukunft verstärkt auf die Errichtung von Windparks auf See gesetzt wird, wird dieser Nachteil
34 sicherlich bald weniger zur Geltung kommen.

Zitiert nach: http://www.welt.de/wirtschaft/energie/specials/wind/article8795070/Das-sind-die-Nachteile-und-Vorteile-von-Windenergie.htm

Vor der Beantwortung nachfolgender Fragen Nr. 1–4 lesen Sie bitte den Text „Vergangenheit und Zukunft der Energie" (Text auf Seite 24) aufmerksam durch.

1 Inhalt des Textes

▶ Überprüfen Sie für jeden Textabschnitt, ob die vorgegebenen Behauptungen im Sinne des Textes eindeutig richtig sind, im Hinblick auf die Aussagen des Textes falsch sind oder dem Text nicht zu entnehmen sind. Geben Sie auf dem Lösungsbogen die jeweils richtige Antwort mit folgenden Kennbuchstaben an:

R = im Sinne des Textes eindeutig richtig

F = im Hinblick auf die Aussagen des Textes falsch

NE = dem Text nicht zu entnehmen

Abschnitt 1 (Zeile 1–9)
a) Rohe Kost ist gesünder und leichter verdaulich als gekochtes Essen.
b) Durch das Erhitzen der Speisen werden Krankheitserreger abgetötet, wodurch Lebensmittel weniger gesundheitsgefährdend sind.
c) Gekochtes kann im Körper leichter verdaut werden.

Abschnitt 2 (Zeile 10–13)
a) Es war sehr mühsam, Tiere zu zähmen.
b) Auch der Handel wurde durch die Nutzung von Zugtieren vorangebracht.
c) Der Einsatz von Nutztieren in der Landwirtschaft ermöglichte es, größere Flächen zu bearbeiten.

Abschnitt 3 (Zeile 14–20)
a) Schon sehr früh wurde Wasserenergie genutzt, um Mühlen zu betreiben.
b) Ohne diese Mühlen wäre es nicht möglich gewesen, größere Mengen Brot und Teigwaren herzustellen.
c) Die Kanalisation des Wassers bedurfte im alten Rom einer aufwändigen Architektur.

Abschnitt 4 (Zeile 21–26)
a) Die Industrialisierung im 17. und 18. Jahrhundert hatte die Erfindung der Dampfmaschine zur Folge.
b) Die Dampfmaschine wurde erstmals eingesetzt, um in einem Kohlebergwerk das Grundwasser abzupumpen.
c) Kohle entstand in geologischer Vorzeit aus organischen Stoffen.

Abschnitt 5 (Zeile 27–32)
a) Otto Hahn war ein Atomforscher, der gemeinsam mit einem Kollegen bewies, dass man Atome spalten kann.
b) Der Gefahr, die von der Atomspaltung ausging, war man sich zu wenig bewusst.
c) Damals war der spätere Ausstieg aus der Kernenergie nicht vorstellbar.

Abschnitt 6 (Zeile 33–39)
a) Nach dem Atomunfall in Fukushima wurde in Deutschland der Ausstieg aus der Kernenergie beschlossen.
b) Fossile Brennstoffe sind nicht erneuerbar und werden mit der Zeit aufgebraucht.
c) Öl, Kohle und Gas sind die Energieträger der Zukunft.

Abschnitt 7 (Zeile 40–44)
a) Möglicherweise sind Sonnenenergie und Wasserstoff die Energieträger der Zukunft.
b) Wir können heute schon mit wasserstoffbetriebenen Flugzeugen in die Ferien fliegen.
c) MP3-Player, die mit Solarzellen betrieben werden, sind in der Anschaffung relativ günstig.

Abschnitt 8 (Zeile 45–51)
a) Fossile Energieträger werden wahrscheinlich in der Zukunft eine immer größere Rolle spielen.
b) Sonne, Wind, Wasserkraft und Biomasse sind umweltfreundliche fossile Energieträger.
c) „Wüstenstrom" ist billiger als Atomstrom.

1 Inhalt des Textes

Tragen Sie für die Aussagen a), b) und c) zu den einzelnen Textabschnitten den jeweils zutreffenden Kennbuchstaben **R**, **F** oder **NE** ein:

Abschnitt 1
a) F
b) R
c) R

Abschnitt 2
a) NE
b) R
c) R

Abschnitt 3
a) R
b) F
c) NE

Abschnitt 4
a) F
b) NE
c) R

Abschnitt 5
a) R
b) NE
c) NE

Abschnitt 6
a) R
b) R
c) F

Abschnitt 7
a) R
b) F
c) NE

Abschnitt 8
a) F
b) F
c) NE

je 1 Punkt, insgesamt 24 Punkte — 24 P.

Bei dieser Aufgabe geht es nicht darum, ob die zur Auswahl stehenden Aussagen für sich allein gesehen richtig oder falsch sind. Vielmehr muss überprüft werden, ob ihr Inhalt dem jeweiligen Textabschnitt zu entnehmen ist („im Sinne des Textes eindeutig richtig"), ob der Textabschnitt, bezogen auf den Text, falsch ist („im Hinblick auf die Aussagen des Textes falsch") oder ob die Thematik überhaupt nicht angesprochen wird („dem Text nicht zu entnehmen"). Diese Überprüfung ist für jede einzelne Aussage vorzunehmen, im Anschluss daran ist die zutreffende Antwort im Lösungsblatt anzukreuzen.

Fragestellung zu Textabschnitt 1 als Beispiel:
Aussage 1: Diese Aussage widerspricht dem Inhalt des Textes, denn in Z. 7 ff. wird darauf hingewiesen, dass z. B. rohes Fleisch Keime enthalten kann und Gekochtes leichter verdaulich ist.
Aussage 2: Der Inhalt dieser Aussage steht in den Zeilen 7/8.
Aussage 3: Auf diesen Sachverhalt wird in Zeile 9 hingewiesen.

2 Bedeutung von Fremdwörtern

▶ Tragen Sie zu den folgenden Fremdwörtern jeweils den Kennbuchstaben des Wortes in den Lösungsbogen ein, das dessen Sinn **im vorgegebenen Zusammenhang** (Text 1 auf Seite 24) am besten wiedergibt.

1. **Ressourcen** (Zeile 3)
   - A Produktionsmittel
   - B Rohstoffvorräte
   - C Betriebsmittel
   - D Erdölvorkommen

2. **Funktion** (Zeile 15)
   - A Wirkungsweise
   - B Wirkungsgrad
   - C Sinn
   - D Verbrauch

3. **fossil** (Zeile 24)
   - A ursprünglich
   - B urtümlich
   - C urzeitlich
   - D uralt

4. **geologisch** (Zeile 24)
   - A frühgeschichtlich
   - B erdverbunden
   - C unterirdisch
   - D erdgeschichtlich

5. **zivil** (Zeile 28)
   - A ordentlich
   - B bürgerlich
   - C nicht militärisch
   - D angemessen

6. **gigantisch** (Zeile 32)
   - A zeitig
   - B gefährlich
   - C gewaltig
   - D einflussreich

7. **Konsequenz** (Zeile 37)
   - A Beharrlichkeit
   - B Folge
   - C Strafe
   - D Beschluss

3 Gesamtaussagen des Textes

▶ a) Welche Absicht verfolgen die Autoren mit dem Text „Vergangenheit und Zukunft der Energie"? Kreuzen Sie die **drei** zutreffenden Kennzahlen im Lösungsbogen an.

Sie ...

1 idealisieren.   4 erzählen.   7 schildern.
2 leiten an.   5 informieren.   8 unterhalten.
3 berichten.   6 regen zum Nachdenken an.   9 drohen.

▶ b) Folgende Überschriften gehören zu bestimmten Textabschnitten, die nicht unbedingt mit den Absätzen übereinstimmen müssen. Tragen Sie die Kennbuchstaben der nachfolgenden Überschriften in der Reihenfolge im Lösungsbogen ein, wie sie im Text behandelt werden.

- A Atomenergie in ihren Anfängen
- B Der frühe Mensch nutzt das Feuer
- C Die Zeit der Industrialisierung
- D Erneuerbare Energien sind die Zukunft
- E Getreidemühlen müssen angetrieben werden
- F Tiere arbeiten für den Menschen
- G Wende bei der Energienutzung

2 Bedeutung von Fremdwörtern

Zutreffende Kennbuchstaben:

1. Ressourcen **B**   4. geologisch **D**   7. Konsequenz **B**

2. Funktion **A**   5. zivil **C**

3. fossil **C**   6. gigantisch **C**

je 1 Punkt, insgesamt 7 Punkte — 7 P.

Diese Aufgabe erfordert nicht nur ein „Übersetzen" des Fremdwortes in einen deutschen Begriff, sondern zusätzlich die Einbindung in den vorgegebenen Text: Es wird jeweils die Textstelle angegeben, an der das Fremdwort verwendet wird. Im Zweifelsfall kann durch Einsetzen der möglichen Alternativen in den Text (Frage: Ergibt der Satz dann einen Sinn?) im Ausschlussverfahren die richtige Antwort gefunden werden.

3 Gesamtaussagen des Textes

a) Kreuzen Sie an:

1	2	3	4	5	6	7	8	9
		X		X	X			

zutreffende Kennzahlen

je 1 Punkt, insgesamt 3 Punkte
Bei **mehr als drei** Kreuzen: 1 Punkt Abzug pro zusätzlichem Kreuz.
Wurden **mehr als fünf** Felder angekreuzt: 0 Punkte — 3 P.

b) Tragen Sie die Kennbuchstaben in der richtigen Reihenfolge ein:

1	2	3	4	5	6	7
B	F	E	C	A	G	D

je 1 Punkt für jeden Buchstaben im richtigen Feld, insgesamt 7 Punkte — 7 P.

a) Es sollten nur Kennziffern angekreuzt werden, bei denen man sich ganz sicher ist, um keinen Punktabzug zu riskieren.
Neben inhaltlichen Aspekten helfen auch der Sprachstil und die Wortwahl dabei, sich die Absicht des Verfassers zu erschließen. Der sachliche Stil und die jeweils mit Daten belegten Sachverhalte zeigen, dass der Verfasser über die geschichtliche Entwicklung der Energienutzung berichtet (3) und den Leser darüber informiert (5). Die in den Abschnitten 7 und 8 aufgeworfenen Fragen, die Zukunft der Energieversorgung betreffend, regen zum Nachdenken an (6).
b) Am sinnvollsten ist es, den Text abschnittweise durchzugehen und am Ende jedes Abschnitts zu überprüfen, ob eine der Überschriften dessen Inhalt treffend zusammenfasst.

4 Fortschritt und Rückschritt, Zivilisation und Barbarei im 20. Jahrhundert

Text 1 auf Seite 24 erwähnt in den Zeilen 27 mit 32 drei Jahre bzw. Zeiträume des 20. Jahrhunderts, in denen Bahnbrechendes auf dem Feld der Kernenergie und ihrer zivilen Nutzung geschah. Das Jahr 1938, die Zeit um 1955 (nachfolgend 1953 bis 1957) und das Jahr 1961. In den genannten Zeiten gab es Ereignisse, die die Zivilisation sowohl fördernd als auch zerstörend beeinflussten.

▶ Ordnen Sie im Lösungsbogen die Kennbuchstaben der nachfolgend aufgeführten Bild- und Textquellen durch Ankreuzen den jeweiligen Zeiten zu oder kennzeichnen Sie diese als nicht zu den Zeitdaten passend.

A

B

C

D

E

Der Judentempel niedergebrannt

In der Nacht zum Donnerstag gegen 2.10 Uhr wurde die Feuerwehr nach dem Zeughausplatz gerufen. Dort stellte sie fest, daß in der Synagoge ein Feuer ausgebrochen war, das in dem völlig ausgetrockneten Gestühl des Judentempels rasend um sich griff. Innerhalb kürzester Zeit stand die gesamte Synagoge in Flammen, so daß es den Feuerwehrmännern nicht mehr möglich war, in das Innere einzudringen.

Die Feuerwehr mußte sich darauf beschränken, die umliegenden Wohngebäude und die an den Tempel angrenzende Holzhandlung vor den Flammen zu schützen. Das Feuer hatte sich bald bis zur Kuppel hinaufgefressen und gegen 4 Uhr war die Synagoge ein riesiges Flammenmeer. Kurz darauf stürzte die Kuppel der Synagoge ein. Damit war die Hauptkraft der Flammen gebrochen.

[Übertragung]:

Der Judentempel niedergebrannt

In der Nacht zum Donnerstag gegen 2.10 Uhr wurde die Feuerwehr nach dem Zeughausplatz gerufen. Dort stellte sie fest, dass in der Synagoge ein Feuer ausgebrochen war, das in dem völlig ausgetrockneten Gestühl des Judentempels rasend um sich griff. Innerhalb kürzester Zeit stand die gesamte Synagoge in Flammen, sodass es den Feuerwehrmännern nicht mehr möglich war, in das Innere einzudringen.

Die Feuerwehr musste sich darauf beschränken, die umliegenden Wohngebäude und die an den Tempel grenzende Holzhandlung vor den Flammen zu schützen. Das Feuer hatte sich bald bis zur Kuppel hinaufgefressen und gegen 4 Uhr war die Synagoge ein riesiges Flammenmeer. Kurz darauf stürzte die Kuppel der Synagoge ein. Damit war die Hauptkraft der Flammen gebrochen.

F

G

Münchner Abkommen:
Die Vertreter der Unterzeichnerstaaten

4 Fortschritt und Rückschritt, Zivilisation und Barbarei im 20. Jahrhundert

Ordnen Sie zu:

Zeit/Kennbuchstabe	A	B	C	D	E	F	G
1938					X		X
1953–1957				X			
1961		X					
Nicht zu den Zeitdaten passend	X		X			X	

je 2 Punkte, insgesamt 14 Punkte
Kein Punkt für jede Spalte mit mehr als einem Kreuz.

14 P.

Das Zuordnen von schriftlichen und bildlichen Quellen zu Ereignissen oder Zeiten wird in der Auswahlprüfung häufiger verlangt. Im Lösungsbogen sind die Zeiten und die Kennbuchstaben der Quellen in einer Matrix aufgeführt. Durch Ankreuzen wird zugeordnet. Drei Jahre bzw. Zeiträume werden nachgefragt. Ebenfalls überprüft wird, welche Quellen hier nicht einzuordnen sind. Als Lösungsmethode wird empfohlen, erst die Zuordnungen zu fixieren, deren man sich aufgrund der Kenntnisse sicher ist. Dann gilt es im Plausibilitätsverfahren („Was ist triftig, was stimmig?") die Lösung zu vervollständigen. Mit 14 Punkten ist die Aufgabe gut gewichtet, sodass sich der Aufwand in der Tat auszahlen kann.

5 Als der Kalte Krieg drohte, ein heißer zu werden

▶ Entscheiden Sie, welche Begriffe aus der Auswahlliste jeweils in den Text passen, und tragen Sie den jeweiligen entsprechenden Kennbuchstaben in den Lösungsbogen ein.

Text:

Vor 50 Jahren drohte der Dritte Weltkrieg auszubrechen. Ursache war die Kubakrise. Die Auswertung geheimer Luftaufnahmen bewies, dass ____(1)____ in Kuba Abschussrampen für Mittelstreckenraketen mit Atomsprengköpfen errichtete. Bei einer Reichweite bis zu 1800 km hätten sie den gesamten Südosten der USA einschließlich der Hauptstadt treffen können. 13 Tage lang hielt die Welt den Atem an.

Viele Militärs forderten einen Luftangriff auf die Raketenstandorte. Doch der amerikanische Präsident wollte nicht schuld an einem Dritten Weltkrieg sein. Daher befahl er ____(2)____, um die Errichtung der Raketenbasen zu stoppen. Erst am 22. Oktober setzte ____(3)____ in einer dramatischen Fernsehansprache die Weltöffentlichkeit von der Existenz der Raketen in Kenntnis.

Nur durch besonnenes Krisenmanagement der beteiligten Seiten wurde eine militärische Auseinandersetzung vermieden. 17 Jahre nach dem Ende ____(4)____ bewahrte das Nachgeben der Provokateure die Welt vor einem möglichen Inferno.

Auswahlliste:

(1) Nordkorea **A** – die Sowjetunion **B** – die Volksrepublik China **C** – der Iran **D**

(2) eine Seeblockade **A** – eine Invasion mit Elitetruppen **B** – einen Fallschirmjägereinsatz **C**

(3) Chruschtschow **A** – Churchill **B** – Kennedy **C** – Mao Tse Tung **D** – Obama **E**

(4) des Afghanistankonflikts **A** – des Zweiten Weltkriegs **B** – des Vietnamkriegs **C**
    – des Ersten Weltkriegs **D**

5 Als der Kalte Krieg drohte, ein heißer zu werden

Tragen Sie den jeweiligen Kennbuchstaben ein:

1	2	3	4
B	A	C	B

je 1 Punkt, insgesamt 4 Punkte — 4 P.

Das zu Ziff. 4 Ausgeführte gilt auch hier, obgleich der Schwierigkeitsgrad wegen der begrenzten Auswahlmöglichkeiten etwas geringer ist. Zur Vorbereitung lohnt es – diese Aufgabenstellung beweist es – sich der runden Gedenkjahre historischer Ereignisse im Prüfungsjahr zu versichern.

6 Energie in der Diskussion

Neben den Themen 1 bis 7 finden sich jeweils Oberbegriffe für die Gliederung der Themen. Entscheiden Sie, ob das Thema jeweils richtig gegliedert ist. Das trifft zu, wenn Inhalt und Anzahl der Oberbegriffe korrekt sind.

Beispiel (Nr. 0) für eine richtige Gliederung:

Nr.	Thema	Oberbegriff(e) für die Gliederung
0	Die Nutzung der Atomenergie hat Vorteile, bringt aber auch Gefahren für den Menschen mit sich. Erörtern Sie.	I. Vorteile II. Gefahren

▶ Tragen Sie im Lösungsbogen für jedes Thema (Nrn. 1–7) ein „r" für richtig oder „f" für falsch ein.

Nr.	Thema	Oberbegriff(e) für die Gliederung
1	Die Nutzung erneuerbarer Energien rückt immer mehr in den Mittelpunkt. Was verspricht man sich davon und mit welchen Schwierigkeiten muss gerechnet werden?	I. Gründe II. Schwierigkeiten
2	Es wird sehr stark dafür geworben, als Eigenheimbesitzer die Sonnenenergie zu nutzen. Mit welchen Vor- und Nachteilen ist dabei zu rechnen?	I. Vorteile II. Nachteile III. Eigene Meinung
3	Politiker sprechen von der größten Energiekrise seit Menschengedenken. Womit ist dieses Phänomen zu erklären und wie kann die Krise bewältigt werden?	I. Ursachen II. Gegenmaßnahmen
4	Der hohe Energieverbrauch der westlichen Industrieländer stellt ein großes Problem für die Umwelt dar. Wie kann der Energieverbrauch sowohl von öffentlicher als auch von privater Seite her gedrosselt werden?	I. Öffentliche Probleme II. Private Probleme
5	Solaranlagen oder Biogasanlagen? Wägen Sie beide Möglichkeiten der alternativen Energiegewinnung gegeneinander ab und nehmen Sie Stellung dazu.	I. Möglichkeiten der Solaranlagen II. Möglichkeiten der Biogasanlagen
6	Der Atomausstieg ist beschlossene Sache. Wie stehen Sie dazu?	I. Vorteile II. Eigene Meinung
7	Ist der weitere Ausbau von Biogasanlagen sinnvoll?	I. Vorteile II. Nachteile III. Persönliche Stellungnahme

6 Energie in der Diskussion

Tragen Sie „r" für richtig oder „f" für falsch ein:

	0	1	2	3	4	5	6	7
richtig (r) oder falsch (f)	r	f	f	r	f	f	f	r

je 1 Punkt, insgesamt 7 Punkte — 7 P.

In einem ersten Schritt müssen die Themen dahingehend untersucht werden, ob sie zwei- oder dreigliedrig sind. Als nächstes ist zu überprüfen, ob die – eher abstrakten – Oberbegriffe zum Inhalt des dazugehörigen Thementeils passen.

Thema 1   I.: falsch, denn es werden mögliche Vorteile erfragt; II.: richtig
Thema 2   I. und II.: richtig; III.: nicht gefragt
Thema 3   richtig
Thema 4   I. und II.: falsch, da nicht Probleme, sondern Möglichkeiten, den Energieverbrauch zu senken (Gegenmaßnahmen), thematisiert werden sollen
Thema 5   I. und II.: richtig, es fehlt jedoch die eigene Meinung (das Abwägen)
Thema 6   I.: richtig; II.: erst als III., denn vorher sollten die Nachteile erörtert werden
Thema 7   richtig, bei Entscheidungsfrage folgt der Aufbau der Gliederung dieser Dreiteilung

7 Deutschlands Energiemix

▶ Im Folgenden finden Sie sechs Aussagen, die sich auf die Infografik „Deutschlands Energiemix" beziehen. Kreuzen Sie die Kennbuchstaben der zutreffenden Aussagen in dem Lösungsbogen an.

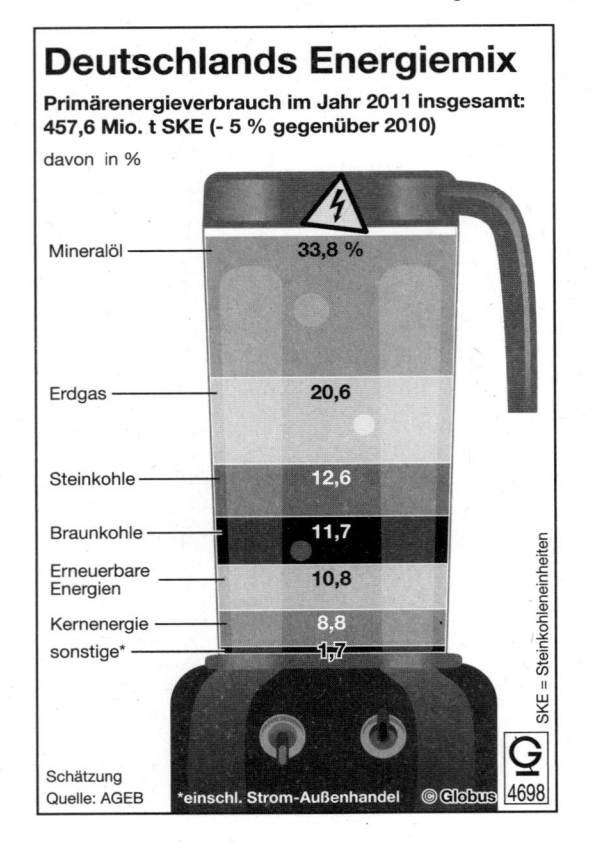

Deutschlands Energiemix

Primärenergieverbrauch im Jahr 2011 insgesamt:
457,6 Mio. t SKE (- 5 % gegenüber 2010)

davon in %

- Mineralöl: 33,8 %
- Erdgas: 20,6
- Steinkohle: 12,6
- Braunkohle: 11,7
- Erneuerbare Energien: 10,8
- Kernenergie: 8,8
- sonstige*: 1,7

SKE = Steinkohleneinheiten

Schätzung
Quelle: AGEB   *einschl. Strom-Außenhandel   © Globus 4698

A	Fast ein Viertel der verbrauchten Primärenergie stammte im Jahr 2011 aus dem Kohlebergbau.
B	Der Anteil der verbrauchten Primärenergie aus erneuerbaren Energien lag über dem der Atomenergie.
C	Der Energieverbrauch hat gegenüber dem Vorjahr leicht abgenommen.
D	Die Kernenergie lieferte 2011 den kleinsten Anteil beim Verbrauch von Primärenergie.
E	Die Daten der Infografik stammen von Globus.
F	2011 betrug der Primärenergieverbrauch 457.600.000 kg Steinkohleeinheiten.

Die Prüfungsaufgaben für das Einstellungsjahr 2013

7 Deutschlands Energiemix

Kreuzen Sie an: **A**   **B**   **C**   **D**   **E**   **F**

zutreffende Aussagen   [X] [X] [X] [ ] [ ] [ ]

je 1 Punkt, insgesamt 3 Punkte
Reihenfolge beliebig.
Bei mehr als drei Nennungen: 1 Punkt Abzug pro zusätzlichem Eintrag.

3 P.

Zur Infografik der Aufgabe 7:
Bei dieser Infografik sollten Sie zunächst alle Angaben sowie die dazugehörigen Aussagen genau lesen und auswerten, bevor Sie entscheiden, welche Aussagen mit den Kennbuchstaben A bis F hier zutreffend sind. Nehmen Sie sich Zeit für die sorgfältige Analyse des Materials. Erschwert wird diese Aufgabe noch dadurch, dass hier nicht angegeben ist, wie viele dieser Aussagen zutreffen.
Das Balkendiagramm im Espresso- bzw. Wasserkocher (der den Energieverbrauch symbolisieren soll) gibt die Zahlenwerte an, die zu den Arten der verbrauchten Primärenergien im linken Bereich der Infografik gehören. Dabei ist zu beachten, dass die Informationen in Prozentzahlen angegeben sind, also keine absoluten Zahlenwerte darstellen; dies können Sie aber nur anhand der klein gedruckten Teilüberschrift „davon in %" sowie der obersten Zahlenangabe erkennen. Wichtig ist auch, dass mithilfe der Zahlen in der Grafik Veränderungen vom Jahr 2010 zum Jahr 2011 dargestellt werden. Verblüffend dürfte hierbei auch die Information sein, dass der gesamte Primärenergieverbrauch um 5 % abgenommen hat, aber dass bei den angegebenen Energieformen durchweg Zunahmen stattgefunden haben. Nun kann die Infografik mithilfe der Aussagen weiter „entschlüsselt" werden.

Tipps zu den einzelnen Aussagen im Text:
Für die erfolgreiche Bearbeitung der Aufgabenstellung sollten Sie nun zum einen falsche Aussagen aufspüren und durchstreichen, zum anderen richtige Aussagen abhaken. Auf dem Lösungsbogen sollen ja nur die richtigen Aussagen angekreuzt werden – es kann keine oder es können gar alle Aussagen richtig sein!

Beispiele:
A Der Kohlebergbau umfasst die Bereiche Steinkohle- und Braunkohleabbau, deshalb müssen deren Prozentsätze zusammengerechnet werden, was 24,3 % ergibt. In der Aussage wird nun kein Prozentsatz genannt, sondern „fast ein Viertel". Ein Viertel entspricht 25 % – diese Aussage ist also richtig.
D Diese Aussage scheint zunächst richtig zu sein, da die Kernenergie mit dem geringsten Verbrauchsanteil von 8,8 % angegeben ist. Allerdings steht darunter „sonstige" mit 1,7 %; also gibt es noch weitere Energieformen, die hier nicht aufgezählt werden, aber dennoch zum Primärenergieverbrauch zählen. Deshalb ist diese Aussage falsch.

8 Pro und contra Kernenergie

Die Onlineausgabe der Tageszeitung „Handelsblatt" beschäftigte sich im März 2011 unter der Überschrift „Die zwei Gesichter der Kernkraft" (14. 03. 2011, 12:50 Uhr) mit der Kernkraftdebatte. Dabei wurden wichtige Argumente für und wider die Atomkraft dargestellt. Im Lösungsbogen finden Sie den Text in abgeänderter Form.

▶ In den beiden Textabschnitten sind sprachliche Fehler unterringelt. Tragen Sie zu jedem dieser markierten Fehler am Rand jeweils einen Verbesserungsvorschlag ein.

8 Pro und contra Kernenergie

Text	Verbesserungsvorschlag
Die Atomlobby hat in den vergangenen Jahren auf einen besonderen Aspekt der Kernenergie hingewiesen: den Klimaschutz. Nicht nur Wind- und Solaranlagen <u>machen</u> CO_2-frei Strom, sondern auch Kernkraftwerke. Die Argumentation <u>der Leute für Atomkraft</u>: Gehen Kernkraftwerke vom Netz, müssen schmutzige Kohlekraftwerke länger <u>an sein</u>. Die deutschen Kernkraftwerke würden der Umwelt deshalb rund 150 Millionen Tonnen CO_2 jährlich ersparen. Weltweit sind es sogar 2,5 Milliarden Tonnen CO_2, die dadurch vermieden werden können. <u>Wie es die Internationale Energieagentur (IEA) ansieht</u>, lassen sich die Klimaschutzziele ohne die Kernenergie nicht <u>finden</u>. Bei der Stromerzeugung in Kernkraftwerken fällt aber auch hochradioaktiver Abfall an, für den es bis heute weltweit noch keine Lösung für <u>einen endgültigen Platz zum Wegsperren</u> gibt, denn die Anforderungen sind <u>krass</u>. Bislang wird deshalb der Atommüll nur zwischengelagert.	z. B. **produzieren/erzeugen** z. B. **Atomkraftbefürworter** z. B. **laufen/betrieben werden** z. B. **Nach Ansicht/Meinung der IEA** z. B. **erreichen/durchsetzen** z. B. **ein Endlager** (nicht: **Endlösung**) z. B. **hoch/enorm**

je 1 Punkt, insgesamt 7 Punkte — 7 P.

Texte zu korrigieren ist eine Aufgabenstellung, die uns im Alltag regelmäßig begegnet. Gefragt ist konzentriertes, genaues, möglicherweise wiederholtes Lesen. Dieses kann immer wieder an selbst formulierten Texten trainiert werden.

In dieser Aufgabe sind die Textstellen, die verbessert werden sollen, bereits gekennzeichnet. Es geht darum, bessere und stilistisch korrekte Formulierungen zu finden. Z. B. sollten in einem sachlichen Text keine umgangssprachlichen Ausdrücke enthalten sein (hier: „krass").

9 Texte verbessern

▶ a) Formulieren Sie jeden der folgenden Sätze in ein Satzgefüge um. Ergänzen Sie dazu die Hauptsätze im Lösungsbogen durch einen korrekten, sinngleichen Nebensatz, den Sie aus dem unterstrichenen Teil des jeweiligen Satzes bilden.

1. <u>Wegen des schrecklichen atomaren Unfalls in Japan</u> wurde der Atomausstieg in Deutschland vorangetrieben.
2. Die Zukunft der Energieversorgung liegt <u>in der Nutzung verschiedener erneuerbarer Energiequellen.</u>
3. Es ist wichtig <u>die Vor- und Nachteile der Windenergie</u> zu bedenken.
4. Man sollte versuchen den CO_2-Ausstoß auf der Erde <u>durch die Nutzung umweltfreundlicher Energien</u> zu drosseln.
5. Viele Länder <u>der Dritten Welt</u> haben noch kein zukunftsweisendes Energiekonzept.

9 Texte verbessern

a) 1. Der Atomausstieg in Deutschland wurde vorangetrieben,
   weil/da sich in Japan der schreckliche atomare Unfall ereignete (o. Ä.).

2. Die Zukunft der Energieversorgung liegt darin,
   dass verschiedene erneuerbare Energiequellen genutzt werden (o. Ä.).

3. Es ist wichtig zu bedenken,
   welche Vor- und Nachteile die Windenergie hat/dass die Windenergie Vor- und Nachteile hat (o. Ä.).

4. Man sollte versuchen den CO_2-Ausstoß auf der Erde zu drosseln,
   indem man umweltfreundliche Energien nutzt (o. Ä.).

5. Viele Länder,
   die zur Dritten Welt gehören (o. Ä.),
   haben noch kein zukunftsweisendes Energiekonzept.

je 1 Punkt, insgesamt 5 Punkte
Punktvergabe nur, wenn die **Art** des gebildeten Nebensatzes korrekt ist.

5 P.

---

a) Aus den unterstrichenen Formulierungen muss ein Nebensatz gebildet werden. Dieser wird in der Regel durch eine Konjunktion (ein Bindewort) – je nach Sinnzusammenhang z. B. weil, obwohl, dass, nachdem – oder durch ein Relativpronomen eingeleitet. Die gebeugte Form des Verbs steht am Ende des Nebensatzes. Die Zeitstufe wird nicht verändert. Bei den vorgegebenen fünf Sätzen bildet der Nebensatz immer den zweiten Teil des neu entstandenen Satzgefüges. Achtung: Es sind vollständige Nebensätze gefragt und keine verkürzten (z. B. mit „um zu")!

Erläuterung zu Satz 1:
Bereits von der Präposition/dem Verhältniswort „wegen" lässt sich ableiten, dass es um einen Begründungszusammenhang geht, dass der atomare Unfall in Japan also der Grund für den beschleunigten Atomausstieg in Deutschland war. D. h. der Nebensatz muss mit einer begründenden Konjunktion, z. B. „weil", „da", beginnen, und dann bleibt nur noch, ein passendes Verb zu finden und den Nebensatz zu formulieren.

▶ b) Ergänzen Sie in dem im Lösungsbogen abgedruckten Text die fehlenden Kommas.

b) Landwirte erzeugen Energie, indem sie sie auf dem Acker anbauen. Erneuerbare Energien, Rohstoffe, die einfach nachwachsen, schadstofffreie Energien oder positive Energiebilanz, alle diese Schlagworte gewinnen immer mehr an Bedeutung in Deutschland, aber auch in Europa und auf der ganzen Welt. Die Frage, ob der Klimawandel vom Menschen mit verursacht wird, ist hinlänglich geklärt. Heutzutage muss man nur noch darüber nachgrübeln, wie hoch der Temperaturanstieg auf der Erde sein wird, aber natürlich auch, wie man gegensteuern kann. Nicht nur die Suche nach wirtschaftlichen Alternativen zu den zunehmend teurer werdenden fossilen Energieträgern, sondern auch die Loslösung von der immer stärker werdenden Importabhängigkeit unseres Landes wird uns noch eine Zeit lang beschäftigen.

Beispiele für Punkteberechnung:

Beispiel 1		Beispiel 2	
Kommas gesetzt	12	Kommas gesetzt	14
zutreffend	10	zutreffend	12
Punktabzug	0	Punktabzug	2
Endpunkte	10	Endpunkte	10

je 1 Punkt, insgesamt 12 Punkte
Bei **mehr als zwölf Kommas:**
1 Punkt Abzug pro **überzähligem** Komma.
Niedrigster Endpunktwert ist 0

12 P.

---

b) *Hier hilft es, jeden Satz in Ruhe einzeln zu betrachten, seinen Sinn zu erfassen und seinen Aufbau zu untersuchen (z. B. Satzgefüge/Satzreihe, verkürzter Nebensatz, Aufzählung, Einschub [Apposition]).*
Die Zahl der einzusetzenden Kommas ist vorgegeben. Es empfiehlt sich, nur die Kommas zu setzen, bei denen man sich sicher ist, und auf keinen Fall die genannte Anzahl zu überschreiten, da dies Punktabzug zur Folge hat.

► c) Verbessern Sie in dem im Lösungsbogen abgedruckten Text die achtzehn Rechtschreib- bzw. Grammatikfehler. Streichen Sie die fehlerhaften Wörter durch und berichtigen Sie diese, indem Sie die Wörter (komplett!) in der korrekten Schreibweise darüber schreiben. Ein Beispiel ist vorgegeben.

c) **Saubere, ~~Unerschöpfliche~~ *unerschöpfliche* Energie, ein erfüllbarer Traum?**

Es könnte sein, ~~das~~ **dass** dieser Traum in absehbarer Zeit ~~Wahr~~ **wahr** wird: Kraftwerke, die aus ~~rießigen~~ **riesigen** Parabolspiegeln bestehen und in den Wüsten rund um das Mittelmeer errichtet werden sollen, ~~könnte~~ **könnten** bewirken, dass Europa ~~entlich~~ **endlich** von Kohle, Gas und Atomkraft loskommt.

War das Öl einst bekannt als schwarzes Gold, so könnte das Motto des 21. Jahrhunderts lauten: „Das beste Gold kommt von ~~Oben~~ **oben**, von der Sonne!" Gerhard Knies, der Sprecher der TREC, eines Netzwerks von Wissenschaftlern und ~~Politiker~~ **Politikern** verschiedener Länder, die sich vorgenommen haben, Europas Energieproblem zu lösen, bezeichnete die Sonne kürzlich gegenüber der Zeitschrift SPIEGEL als „stille ~~Reserfe~~ **Reserve**" Nordafrikas und des Nahen ~~Osten~~ **Ostens**.

Mit Strom aus der Wüste könnte es bald möglich sein, die Energieprobleme ~~lösen~~ **zu lösen**. Viele Wissenschaftler halten diese ~~Vission~~ **Vision** für umsetzbar. Es gilt allerdings noch ~~ettliche~~ **etliche** technische Aufgaben zu ~~beweltigen~~ **bewältigen**. Die Umwandlung der Sonnenstrahlen in Energie und die Verteilung sind Probleme, die man in ~~kürze~~ **Kürze** in Angriff nehmen muss. ~~Faszinieren~~ **Faszinierend** ist die gewaltige Energiedichte, die uns der Sonnenschein ~~beschehrt~~ **beschert**. Außerdem ist die Sonne auf unermesslich ~~große~~ **großen** Flächen auf der Erde verfügbar. Wenn es gelingt, nur einen kleinen Bruchteil der ungenutzten Sonnenenergie in Strom zu verwandeln und an die Verbraucher zu verteilen, kommen wir mit der Lösung unserer ~~Energie Probleme~~ **Energieprobleme** gut voran.

je 1 Punkt, insgesamt 18 Punkte
Keine Punktvergabe, wenn nicht das ganze Wort korrekt darüber geschrieben wurde.
Bei **mehr als 18 Änderungen**: 1 Punkt Abzug pro **überzähliger** Änderung.
Niedrigster Endpunktwert ist 0

18 P.

---

c) *Auch hier kann an der Punktezahl abgelesen werden, wie viele Fehler zu finden sind. Es wird empfohlen, zuerst die sicher erkannten falschen Stellen zu korrigieren und sich dann erst mit den Zweifelsfällen zu beschäftigen. Zu viele „Korrekturen" führen zu Punktabzug, ebenso das Korrigieren einzelner Buchstaben (und nicht des ganzen Wortes). Zudem sollte auf eindeutige und leserliche Schreibweise (insbesondere groß – klein) geachtet werden.*

Die Rechtschreibfehler in einem Text können unterschiedlicher Natur sein: Tippfehler, wie z. B. das Vertauschen, Auslassen oder Verdoppeln einzelner Buchstaben, oder Fehler, die auf mangelnde Kenntnisse der Regeln der deutschen Rechtschreibung zurückzuführen sind, wie z. B. im Bereich der Groß- und Kleinschreibung, der Zusammen- und Getrenntschreibung, der Schreibung (und Herleitung) von Fremdwörtern, der Unterscheidung der „S"- und anderer Laute (d – t, ä – e, i – ie – ieh, f – v, usw.). Gefragt sind nur nach der „neuen" deutschen Rechtschreibung eindeutige Fälle.

Grammatikfehler treten beispielsweise bei der falschen Verwendung der Fälle (z. B. beim letzten Wort im 2. Absatz fehlte das Genitiv-S) oder von Einzahl/Mehrzahl auf (z. B. in der 2. Textzeile ist „könnte" falsch, da das Subjekt „Kraftwerke" im Plural steht; also muss das Prädikat auch in der Mehrzahl stehen).

10 Erneuerbare Energiequellen

▶ Im Rahmen einer Fernsehreportage wurden unten stehende Statements zum Thema „Nutzung erneuerbarer Energiequellen" abgegeben. Sie sollen diese für eine Fachzeitschrift in der indirekten Rede wiedergeben. Setzen Sie dazu die Verbformen und die Pronomen im Lösungsbogen in der grammatisch korrekten Form in die Lücken ein. (Hinweis: Eine Umschreibung mit „würde" ist nicht zulässig.)

Wörtlich sagte der Besitzer eines Eigenheims, der eine Photovoltaikanlage erworben hat:

„Sinkende Preise und günstige Finanzierungen machen meine Anlage lohnenswert. Für jede Kilowattstunde, die ich einspeise, bekomme ich eine Vergütung. Außerdem profitiere ich davon, dass die Anlagen momentan wenig kosten."

Ein junger Architekt, der Windkraft beim Entwurf einer Wohnanlage mit vielen Einfamilieneinheiten nutzen wollte, erklärte wörtlich:

„Die Aufstellung eines kleinen Windkraftwerkes mitten im Wohngebiet ist aufgrund der meteorologischen Bedingungen vor Ort beinahe unmöglich. Es kommt dadurch häufig zu Störungen. Ein Windrad vor Ort soll die herrschende Windenergie auffangen und umwandeln."

10 Erneuerbare Energiequellen

Indirekte Rede:

Der Eigenheimbesitzer sagte, dass sinkende Preise und günstige Finanzierungen **seine** Anlage lohnenswert **machten**. Für jede Kilowattstunde, die **er** **einspeise**, **bekomme** **er** eine Vergütung. Außerdem **profitiere** **er** davon, dass die Anlagen momentan wenig **kosteten**.

Die Aufstellung eines kleinen Windkraftwerkes mitten im Wohngebiet **sei** aufgrund der meteorologischen Bedingungen vor Ort beinahe unmöglich. Es **komme** dadurch häufig zu Störungen. Ein Windrad vor Ort **solle** die herrschende Windenergie auffangen und umwandeln.

je 1 Punkt, insgesamt 12 Punkte — 12 P.

Da in dem Artikel die Statements nicht wörtlich wiedergegeben werden sollen und deshalb keine wörtliche (= direkte) Rede verwendet werden darf, müssen die Aussagen in die indirekte Rede umformuliert werden. Dabei ist zu beachten, dass sich die **Verbform** *vom Indikativ (Wirklichkeitsform) zum Konjunktiv (Möglichkeitsform) verändert. Diese darf* nicht *mit „würde" umschrieben werden, obwohl dies möglich wäre. Die Zeitstufe muss gleich bleiben. Wenn der Konjunktiv I nicht vom Indikativ zu unterscheiden ist, wird der Konjunktiv II verwendet. Auch die Pronomen der 1. und 2. Person (ich/mein…, du/dein…, wir/unser…, ihr/euer…) müssen entsprechend angepasst werden.*

Zu den Formulierungen in den Lücken:
- *seine > Änderung des Pronomens von der 1. zur 3. Person*
- *machten > Konjunktiv II; der Konjunktiv I heißt/lautet wie der Indikativ „machen"*
- *er > Änderung des Pronomens von der 1. zur 3. Person*
- *einspeise > Konjunktiv I*
- *bekomme > Konjunktiv I*
- *er > Änderung des Pronomens von der 1. zur 3. Person*
- *profitiere > Konjunktiv I*
- *er > Änderung des Pronomens von der 1. zur 3. Person*
- *kosteten > Konjunktiv II; der Konjunktiv I heißt/lautet wie der Indikativ „kosten"*
- *sei > Konjunktiv I*
- *komme > Konjunktiv I*
- *solle > Konjunktiv I*

11 Zukunft der erneuerbaren Energien

▶ Zur folgenden Infografik „Zukunft der erneuerbaren Energien" liegt Ihnen der unten stehende Lückentext vor. Tragen Sie für die Textlücken 1 bis 5 die jeweils zutreffende Information aus der Infografik in den Lösungsbogen ein.

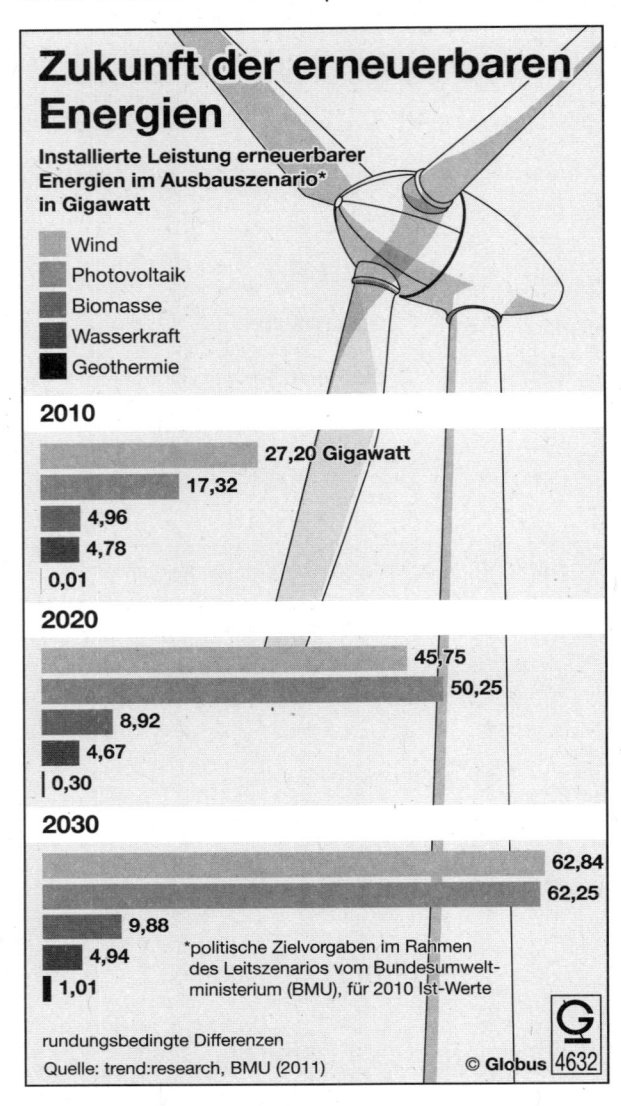

Zukunft der erneuerbaren Energien
Installierte Leistung erneuerbarer Energien im Ausbauszenario* in Gigawatt

- Wind
- Photovoltaik
- Biomasse
- Wasserkraft
- Geothermie

2010
- Wind: 27,20 Gigawatt
- Photovoltaik: 17,32
- Biomasse: 4,96
- Wasserkraft: 4,78
- Geothermie: 0,01

2020
- Wind: 45,75
- Photovoltaik: 50,25
- Biomasse: 8,92
- Wasserkraft: 4,67
- Geothermie: 0,30

2030
- Wind: 62,84
- Photovoltaik: 62,25
- Biomasse: 9,88
- Wasserkraft: 4,94
- Geothermie: 1,01

*politische Zielvorgaben im Rahmen des Leitszenarios vom Bundesumweltministerium (BMU), für 2010 Ist-Werte

rundungsbedingte Differenzen
Quelle: trend:research, BMU (2011)
© Globus 4632

Das Bundesumweltministerium (BMU) hat aufgrund von Ist-Werten aus dem Jahr ___(1)___ politische Zielvorgaben im Rahmen eines ___(2)___ für die erneuerbaren Energien festgelegt. Demnach soll der Bereich der ___(3)___ am stärksten ausgebaut werden, bis 2030 auf mehr als das Dreifache der derzeitigen Leistung. Im Jahr 2010 lag noch die installierte Leistung der Energiequelle ___(4)___ am höchsten. Kaum verändern wird sich in den nächsten 20 Jahren die Leistung aus der Energiequelle ___(5)___.

11 Zukunft der erneuerbaren Energien

(1) **2010**

(2) **Leitszenarios**

(3) **Photovoltaik**

(4) **Wind**

(5) **Wasserkraft**

je 1 Punkt, insgesamt 5 Punkte — 5 P.

Bei dieser Infografik sind mit Balkendiagrammen Zahlenwerte für die Jahre 2010, 2020 und 2030 angegeben; das Sternchen bei der Teilüberschrift oben verweist auf einen Zusatz im unteren Bereich der Grafik, nämlich dass es sich hier um Zielvorgaben handelt. Wenn Sie die Infografik genauer analysieren, stellen Sie fest, dass es sich hier um absolute Zahlenwerte mit der Maßeinheit Gigawatt handelt. Anhand der unterschiedlichen Grauwerte werden die Zielvorgaben für die Leistungen der jeweiligen erneuerbaren Energiequelle im Zehnjahresabstand dargestellt. Schnell erfasst man, dass die ersten beiden Energien (Wind und Photovoltaik) die größten Zunahmen erreichen sollen.

Nun gilt es den Lückentext mehrmals und genau durchzulesen, um die jeweiligen Jahresangaben sowie die Zusammenhänge zu erfassen. In die Lücken sollen gemäß der Angabe ja Informationen aus der Infografik eingesetzt werden – zusätzliches Wissen zählt hier nicht. Zu den einzelnen Lücken:

(1) Ist-Werte gibt es nur aus dem Jahr 2010, da die beiden anderen Jahresangaben sich ja auf Prognosen bzw. Planungen beziehen.

(2) Die politischen Zielvorgaben wurden im Rahmen eines „Leitszenarios" festgelegt; diesen Begriff findet man im Text nach dem mit einem Sternchen gekennzeichneten Zusatz im unteren Teil der Grafik.

(3) Wenn man beurteilen soll, welcher Bereich der erneuerbaren Energien am stärksten ausgebaut werden soll, muss man die Anfangs- und Schlusswerte miteinander vergleichen. Hier stellt man fest, dass sich die Gigawatt-Leistung aus der Windenergie mehr als verdoppeln wird und die Leistung aus der Photovoltaik (Solarenergie) von 17,32 auf 62,25 Gigawatt mehr als verdreifachen wird. Da hier bei der Stärke des Ausbaus auf „das Dreifache der derzeitigen Leistung" verwiesen wird und nicht nach der stärksten Zunahme gefragt wird, ist auch nach der Auswertung der drei anderen Energieformen „Photovoltaik" die richtige Antwort.

(4) Hier muss man nur das Balkendiagramm von 2010 auswerten – die Energiequelle „Wind" ist hier die richtige Antwort.

(5) Während sich alle vier anderen Energieformen in den nächsten 20 Jahren mindestens verdoppeln sollen, bleibt die mit „Wasserkraft" erzielte Leistung mit Werten von 4,78, 4,67 und 4,94 Gigawatt weitgehend auf dem gleichen Niveau.

12 Die deutschen Atomkraftwerke

Die folgende Grafik informiert über die Atomkraftwerke (AKW) Deutschlands im Mai 2011 inklusive der vier bayerischen Standorte Gundremmingen, Ohu (Isar 1/2), Grafenrheinfeld und des bereits zurückgebauten Standorts Kahl.

▶ Kreuzen Sie im Lösungsbogen den Kennbuchstaben der jeweils zutreffenden Aussage an.

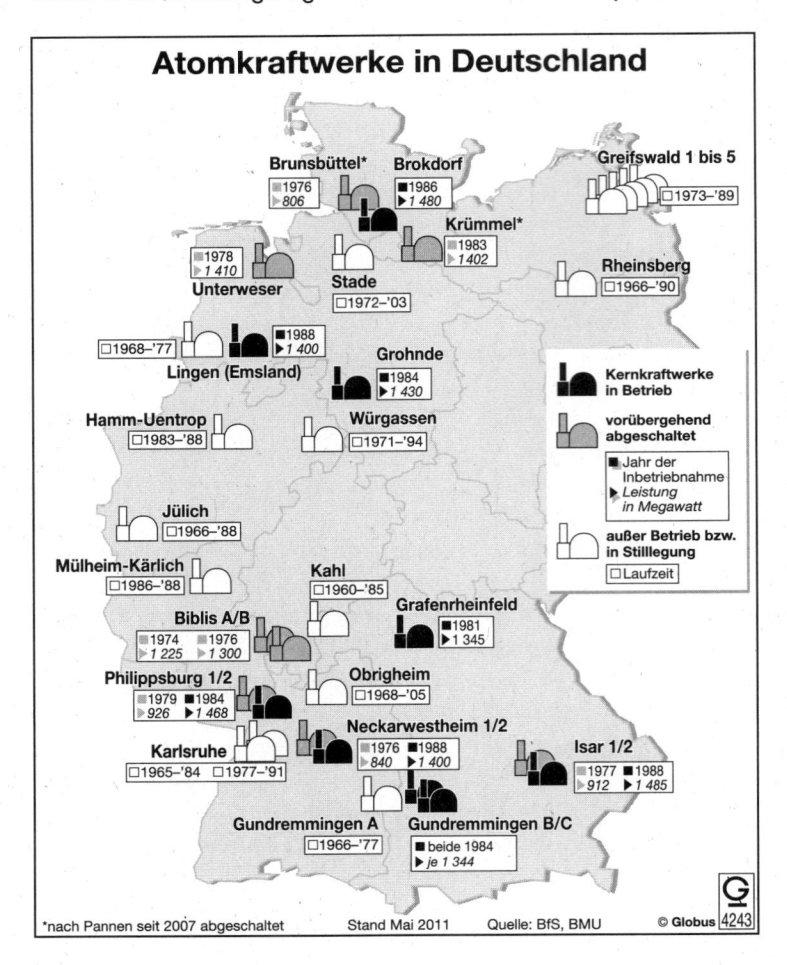

1
a) In Bayern befinden sich zwei Kernkraftwerke in Betrieb.
b) In Bayern befinden sich drei Kernkraftwerke in Betrieb.
c) In Bayern befinden sich vier Kernkraftwerke in Betrieb.

2
a) Das älteste bayerische Kernkraftwerk, das in Betrieb ist, stammt aus dem Jahr 1984.
b) Das älteste bayerische Kernkraftwerk, das in Betrieb ist, stammt aus dem Jahr 1988.
c) Das älteste bayerische Kernkraftwerk, das in Betrieb ist, stammt aus dem Jahr 1981.

3
a) Die größte Leistung in Megawatt bringt derzeit Isar 2.
b) Die größte Leistung in Megawatt bringt derzeit Gundremmingen B.
c) Die größte Leistung in Megawatt bringt derzeit Grafenrheinfeld.

4
a) Die bayerischen Kernkraftwerke erzeugen derzeit ca. 4.100 Megawatt.
b) Die bayerischen Kernkraftwerke erzeugen derzeit ca. 5.500 Megawatt.
c) Die bayerischen Kernkraftwerke erzeugen derzeit ca. 6.000 Megawatt.

12 Die deutschen Atomkraftwerke

Kreuzen Sie die Kennbuchstaben der richtigen Aussagen an:

	1	2	3	4
a)			X	
b)				X
c)	X	X		

je 1 Punkt, insgesamt 4 Punkte
1 Punkt Abzug bei mehr als einem Kreuz pro Kennziffer.

4 P.

Diese Infografik enthält unzählige Informationen: Kernkraftwerke, die in drei verschiedenen Graustufen abgebildet sind, wobei die Legende verrät, dass diese den Betriebsstatus anzeigen. Die unterschiedlichen Zahlen stehen für das Jahr der Inbetriebnahme sowie für die Leistung in Megawatt. Bei stillgelegten Kernkraftwerken stehen sie für die Betriebsdauer bzw. Laufzeit. Der Infotext weist auf die vier bayerischen Standorte hin.

1 Die drei Aussagen unterscheiden sich nur in der Anzahl der bayerischen Kernkraftwerke, wobei die Einschränkung „in Betrieb" beachtet werden muss. Es sind an nunmehr drei bayerischen Standorten vier Kernkraftwerke in Betrieb (schwarze Einfärbung): In Gundremmingen gibt es zwei Kernkraftwerke B und C in Betrieb, A wurde stillgelegt. Am Standort Ohu gibt es zwar Isar 1 und Isar 2, aber Isar 1 wurde vorübergehend abgeschaltet. Das fünfte Kernkraftwerk am Standort Kahl wurde bereits zurückgebaut. Also ist c die richtige Antwort.

2 Hier wird nach dem ältesten bayerischen Kernkraftwerk, das noch in Betrieb ist, gefragt. Die Jahreszahl nach dem schwarzen Quadrat (■) gibt das Jahr der Inbetriebnahme an. Bei den vier Kernkraftwerken, die derzeit in Betrieb sind, ist Grafenrheinfeld bei Würzburg schon 1981 in Betrieb genommen worden, die anderen drei erst 1984 bzw. 1988. Damit ist c die richtige Antwort.

3 Die Leistung in Megawatt ist nach dem Pfeil bzw. Dreieck (▶) bei jedem derzeit betriebenen Kernkraftwerk angegeben. Hier bringen die beiden Anlagen in Gundremmingen je 1.344 Megawatt, die in Grafenrheinfeld 1.345 Megawatt und Isar 2 in Ohu 1.485 Megawatt. Damit ist Antwort a richtig.

4 Wenn Sie nun noch die Megawattwerte aus den soeben gemachten Angaben zusammenrechnen, erhalten Sie einen Wert von ca. 5.500 Megawatt für alle vier Kernkraftwerke. Also ist Antwort b hier richtig.

13 Nutzung erneuerbarer Energien: Vorteile und Probleme

Zum Thema **„Vorteile der Nutzung erneuerbarer Energiequellen"** liegen Ihnen eine Stoffsammlung mit sechs Stichpunkten und eine Auflistung von acht möglichen Oberbegriffen vor.

▶ Alle Stichpunkte der Stoffsammlung sollen mithilfe von drei Oberbegriffen gegliedert werden. Tragen Sie die Kennbuchstaben der drei passenden Oberbegriffe in die Tabelle im Lösungsbogen ein und ordnen Sie diesen die Nummern der dazugehörigen Stichpunkte aus der Stoffsammlung zu. Achtung: Kein Stichpunkt darf zweimal zugeordnet werden.

Stoffsammlung:

1. Billige oder kostenlose Rohstoffe
2. Unerschöpfliche Ressourcen ohne Raubbau
3. Erhaltung der Rohstoffe der Erde
4. Keine gesundheitsschädlichen Abfallprodukte
5. Schaffung neuer Arbeitsplätze
6. Kein Krankheitsrisiko durch Strahlenbelastung

Oberbegriffe:

A Umwelt- und Nachhaltigkeitsaspekte
B Entsorgungsaspekte
C Energiesparaspekte
D Wirtschaftliche Aspekte
E Finanzielle Aspekte
F Arbeitsmarktpolitische Aspekte
G Gesundheitsaspekte
H Technische Aspekte

13 Nutzung erneuerbarer Energien: Vorteile und Probleme

Kennbuchstaben der Oberbegriffe	Nummern der Stichpunkte
A	2, 3
D	1, 5
G	4, 6

je 1 Punkt, insgesamt 9 Punkte
Reihenfolge beliebig
Punktabzug, wenn eine **Ziffer oder ein Buchstabe mehrfach** eingetragen wird.

9 P.

Laut Aufgabenstellung erfüllen drei der acht vorgegebenen Oberbegriffe offenbar die Vorgabe, dass ihnen die Stichpunkte der Stoffsammlung so zugeordnet werden können, dass kein Stichpunkt übrig bleibt und keiner doppelt verwendet wird (Achtung: sonst Punktabzug). Da sechs Stichpunkte zur Auswahl stehen, bedeutet dies, dass zu je zwei von ihnen ein Oberbegriff gefunden werden muss.

Vor der Bearbeitung der nachfolgenden Fragen lesen Sie bitte die Texte 2 a) und 2 b) auf Seite 25 zu den Vor- und Nachteilen der Windenergie aufmerksam durch.

14 Vor- und Nachteile der Windenergie

▶ a) In den Texten werden Vorteile und Nachteile der Windenergienutzung dargestellt oder angerissen. Notieren Sie im Lösungsbogen zu den dort genannten Aspekten stichpunktartig je ein Beispiel, das Sie den Texten entnehmen.

14 Vor- und Nachteile der Windenergie

a)

Aspekte der Windenergienutzung	Textbezogenes Beispiel
sauberer Rohstoff	z. B. **kein Ausstoß von Kohlendioxid, Stickoxid und Schwefeldioxid**
Schaffung von Arbeitsplätzen	z. B. **für Handwerker, Ingenieure, Kaufleute, Juristen; derzeit 70.000 Beschäftigte**
weitere Ausbaumöglichkeiten	z. B. **weitere Flächen im Meer für Off-Shore-Windparks**
keine Lieferung konstanter Strommengen	z. B. **Wind bläst nicht immer gleich stark; Wind ist nicht immer am richtigen Ort und in der richtigen Stärke vorhanden**

je 1 Punkt, insgesamt 4 Punkte
Die Beispiele müssen dem Text zu entnehmen sein.

4 P.

Diese Aufgabe bezieht sich auf die genannten Texte.

a) Gesucht ist jeweils ein Beispiel aus den Texten, das den genannten Aspekt der Windenergienutzung veranschaulicht. Es genügen Stichpunkte, es muss kein Satz formuliert werden. Inhaltlich ist wichtig, dass die Beispiele den Texten entnommen sind.

▶ b) Entscheiden Sie, was mit den im Lösungsbogen angegebenen Ausdrücken 1 bis 7 **im jeweiligen Textzusammenhang** gemeint ist. Unterstreichen Sie **eindeutig** zu jedem Ausdruck **alle** Wörter bzw. Wortgruppen in der rechten Spalte, die mit den Wendungen aus dem Text bedeutungsgleich sind.

15 Windkraft? Ja bitte!

Sie sind im Gemeinderat einer Kleinstadt tätig und unterstützen die Bestrebungen, unweit des Ortes eine Windkraftanlage aufzustellen. Das Motto lautet: „Windkraft? Ja, bitte!" Ein Großteil der Bewohner und einige kommunale Vertreter sind dagegen und müssen von der Idee überzeugt werden.

Sie argumentieren damit, dass – im Gegensatz zur Nutzung fossiler Brennstoffe – bei Windkraftanlagen eine Verschmutzung der Luft vermieden wird.

▶ Formulieren Sie hierzu **eine Behauptung** und begründen Sie diese ausführlich mit **einem** überzeugenden Beispiel. Sie können die Texte 2 a) und 2 b) auf Seite 25 zu Hilfe nehmen.

b)

	Ausdruck	Wörter/Wortgruppen
1.	auf der Hand liegen (Zeilen 4/5)	<u>offenbar</u> / öffentlich / <u>offenkundig</u> / offensiv
2.	lediglich (Zeile 12)	<u>alleinig</u> / unverheiratet / <u>nur</u> / leidlich
3.	es bedarf (Zeile 16)	<u>es ist nötig</u> / es darf / <u>es braucht</u> / es genügt
4.	gewährleisten (Zeile 23)	<u>sicherstellen</u> / <u>garantieren</u> / anbieten / zeigen
5.	aufkommt (Zeile 26)	beginnt / erscheint / <u>entsteht</u> / sich entfaltet
6.	sich gegen etwas richten (Zeile 32)	<u>dagegen vorgehen</u> / etwas zurechtrücken / <u>gegen etwas ankämpfen</u> / etwas weitersagen
7.	auf etwas setzen (Zeile 33)	<u>sich etwas davon versprechen</u> / <u>darauf bauen</u> / nach etwas Ausschau halten / sich überlegen

je 1 Punkt, insgesamt 13 Punkte
Punktabzug bei mehr als 13 Unterstreichungen.

13 P.

---

b) Aus den angebotenen Alternativen sollen die ausgewählt werden, die die gleiche Bedeutung haben wie die zitierten Textstellen und auch in den Textzusammenhang passen. Aus der Fragestellung geht nicht hervor, wie viele Begriffe pro Zeile richtig sind, also hilft nur, jeden Einzelfall zu prüfen.

15 Windkraft? Ja bitte!

Inhalt:
Es muss damit argumentiert werden, dass – im Gegensatz zur Nutzung fossiler Brennstoffe – durch Windkraftanlagen die Luft nicht verschmutzt wird.

Die Behauptung muss
- sich auf die vorgegebene Situation beziehen,
- eine stichhaltige Begründung, veranschaulicht durch ein Beispiel, liefern,
- logisch und folgerichtig sein.

Sprache:
- Satzbau weitgehend fehlerfrei
- Wortwahl abwechslungsreich
- Sprachniveau angemessen/situationsgerecht

Wenn **mehrere Argumente** ausgeführt werden, ist nur das erste Argument zu bewerten. Für zusätzliche Ausführungen ist ein **Punktabzug** von bis zu 2 Punkten vorzunehmen.

Bei einer **Themaverfehlung** ist die Aufgabe mit **0 Punkten** zu bewerten; dann auch keine Punktvergabe auf Sprache/Rechtschreibung!

Inhalt: maximal 6 Punkte (Behauptung: 2 Punkte, Begründung und Beispiel: 4 Punkte)
Sprache und Rechtschreibung: maximal 2 Punkte

8 P.

---

*Voraussetzung zum Lösen dieser Aufgabe sind Kenntnisse über den Aufbau eines Arguments. Dieses besteht immer aus einer Behauptung, einer dazu passenden Begründung und einem erläuternden Beispiel.
In dieser Aufgabe wird ein Argument (nicht mehrere) verlangt, das sich aus der beschriebenen Situation ableitet. Sie können Inhalte aus den Texten verwenden, jedoch auch eigene Gedanken zu Papier bringen. Wichtig ist, dass auch die mit der Nutzung fossiler Brennstoffe einhergehende Luftverschmutzung angesprochen wird und der Windkraftnutzung gegenübergestellt wird. Möglich ist, die anderen Gemeinderatsmitglieder im Text anzusprechen. Die Behauptung ergibt sich aus der Aufgabenstellung. Ein Vergleich zwischen dem sauberen Rohstoff Wind und den fossilen Brennstoffen (z. B. Kohle; nicht: Atomenergie!), die bei der Verbrennung in Kraftwerken umweltschädliche Schadstoffe ausstoßen, sollte hier argumentativ ausgeführt werden.*

16 Der Ausbau erneuerbarer Energien in Europa

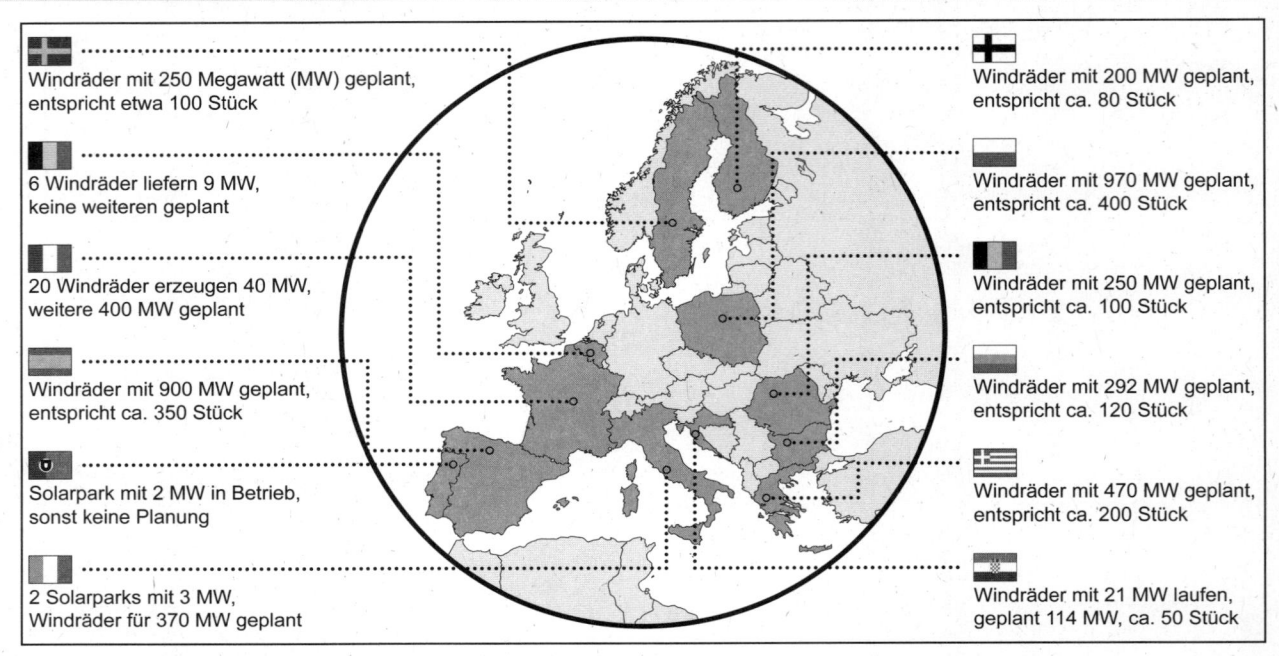

Windräder mit 250 Megawatt (MW) geplant, entspricht etwa 100 Stück

6 Windräder liefern 9 MW, keine weiteren geplant

20 Windräder erzeugen 40 MW, weitere 400 MW geplant

Windräder mit 900 MW geplant, entspricht ca. 350 Stück

Solarpark mit 2 MW in Betrieb, sonst keine Planung

2 Solarparks mit 3 MW, Windräder für 370 MW geplant

Windräder mit 200 MW geplant, entspricht ca. 80 Stück

Windräder mit 970 MW geplant, entspricht ca. 400 Stück

Windräder mit 250 MW geplant, entspricht ca. 100 Stück

Windräder mit 292 MW geplant, entspricht ca. 120 Stück

Windräder mit 470 MW geplant, entspricht ca. 200 Stück

Windräder mit 21 MW laufen, geplant 114 MW, ca. 50 Stück

Quelle: tz – 06. 09. 2011

▶ Kreuzen Sie im Lösungsbogen an, ob die Aussagen zur Abbildung richtig (r), falsch (f) oder der Abbildung nicht zu entnehmen (ne) sind.

16 Der Ausbau erneuerbarer Energien in Europa

Kreuzen Sie an, ob die Aussagen zur Abbildung richtig, falsch oder der Abbildung nicht zu entnehmen sind:

ne	r	f	
		X	Spanien plant 900 Windräder.
	X		In Italien wird nicht nur auf die Windkraft gesetzt.
		X	Portugal hat weder Solarparks noch Windräder und plant auch keine.
		X	In Griechenland sind deutlich weniger Windräder geplant als in Frankreich.
X			Dänemark will ca. 100 Windräder aufstellen.
		X	Pro Windrad wird in Polen mit einer Energieausbeute von 250 Megawatt gerechnet.
	X		Zwei skandinavische Länder wollen in Zukunft auch die Windenergie nutzen.
X			In Norwegen wird die Windenergie bereits genutzt, weitere Windräder sind nicht geplant.
X			In Deutschland wird es künftig auch 2 Solarparks geben.
		X	Über die Pläne der Schweiz sagt die Grafik nichts aus.

je 1 Punkt, insgesamt 10 Punkte   10 P.

Um entscheiden zu können, welche der Aussagen richtig, falsch oder nicht enthalten sind, müssen vor allem die europäischen Staaten sicher verortet werden können. Wer dies beherrscht (und dazu vielleicht sogar die Flaggen der einzelnen Staaten kennt), dürfte mit dieser Aufgabe kaum Schwierigkeiten haben. Dann geht es eigentlich nur darum, konzentriert und ganz genau zu lesen und die Aussagen zu den einzelnen Staaten mit den Angaben in der Abbildung zu vergleichen. Zu Dänemark, Norwegen und Deutschland werden keine Angaben gemacht, deshalb ist hier dreimal „nicht enthalten" anzukreuzen.

17 Nutzung der Sonnenenergie

▶ Das folgende Argument soll darstellen, dass Sonnenenergie besonders umweltfreundlich ist. Leider bleiben die Autoren nicht bei der Sache. Welche der mit den Nrn. 1–8 gekennzeichneten Sätze passen **inhaltlich** nicht zur Behauptung? Kreuzen Sie die entsprechenden Satznummern im Lösungsbogen an. Achten Sie darauf, dass der Text nach Streichung der gekennzeichneten Sätze inhaltlich verständlich und sprachlich flüssig bleiben muss.

Behauptung: Die Nutzung der Sonnenenergie ist eine der umweltfreundlichsten Möglichkeiten, Strom und vor allem Wärme zu erzeugen.

(1) Durch die direkte Umwandlung von Sonnenenergie entstehen keinerlei Schadstoffemissionen und Treibhausgase, wie z. B. CO_2, die die Ozonschicht angreifen und den Treibhauseffekt fördern. **(2)** Eine Strahlenbelastung, wie dies bei der Gewinnung von Atomenergie der Fall sein kann, ist nicht zu befürchten.

Bei einer Art der Stromgewinnung, der Solarthermie, wird Sonnenenergie in nutzbare thermische Energie umgewandelt. **(3)** Solarthermieanlagen können von jedem Haushalt verwendet werden und sind äußerst unkompliziert in der Wartung.

Mittels Sonneneinstrahlung wird Wasser erhitzt, das in gedämmten Boilern zur Benutzung bereitgehalten wird. **(4)** Dabei können keinerlei Giftstoffe oder Emissionen entstehen, die eine Gefahr für die Gesundheit von Mensch und Tier darstellen könnten.

Bei einer Photovoltaikanlage wird mit Hilfe von Solarzellen ein Teil der Sonnenstrahlung in elektrische Energie umgewandelt. **(5)** Auch hier gibt es keine Verbrennung, also keinerlei Emissionen. Bei Photovoltaikanlagen muss aber mit Energieverlusten durch die Übertragung und Verteilung vom Erzeuger zum Verbraucher gerechnet werden.

(6) Die Herstellung der nötigen Sonnenkollektoren erfordert relativ hohe Investitionen, sodass vor allem für den Privathaushalt Kosten entstehen, die sich erst nach geraumer Zeit amortisieren. **(7)** Auch die Haltbarkeit der Kollektoren ist umstritten – die Angaben der Industrie schwanken zwischen 10 und 20 Jahren. **(8)** Insgesamt fällt die Bilanz im Vergleich zu herkömmlichen Energiequellen, wie Kohlekraftwerke oder Ölheizungen, in Bezug auf die Emissionen deutlich zu Gunsten der Sonnenenergie aus.

17 Nutzung der Sonnenenergie

Kreuzen Sie an:

	1	2	3	4	5	6	7	8
Zur Behauptung passen nicht	☐	☐	☒	☐	☐	☒	☒	☐

je 2 Punkte, insgesamt 6 Punkte
Bei **mehr als drei** Kreuzen: 2 Punkte Abzug pro zusätzlichem Kreuz.
Niedrigster Endpunktwert ist 0

6 P.

Auch bei dieser Aufgabe ist die Kenntnis über den korrekten Aufbau eines Arguments und darüber, dass es in sich schlüssig sein muss, unerlässlich. Jeder der Sätze 1 bis 8 muss daraufhin untersucht werden, ob er inhaltlich zu der Behauptung passt, dass die Nutzung der Sonnenenergie eine der umweltfreundlichsten Möglichkeiten der Strom- und Wärmeerzeugung ist. Die <u>nicht</u> passenden Sätze sollen herausgefunden werden. (Achtung: Die genannte Punktzahl ist nicht immer mit der Anzahl der Antworten identisch, deshalb nur ein Kreuz setzen, wenn Sie sich ganz sicher sind!)

Anmerkungen zu den nicht dazugehörigen Sätzen:
In Satz 3 geht es um technische Aspekte und um die Wartung, in Satz 6 um finanzielle Aspekte und in Satz 7 um die Haltbarkeit der Sonnenkollektoren – also an keiner Stelle um Umweltfreundlichkeit.

18 Nutzung der Windenergie auf besondere Art

Am 29. Oktober 2011 startete das Volvo Ocean Race 2011/12, eines der weltweit herausforderndsten Segelrennen. Die Route führte vom Hafen Alicante in Südspanien bis Galway in Irland und endete Anfang Juli 2012. Die folgende Abbildung zeigt den Verlauf des Segelrennens.

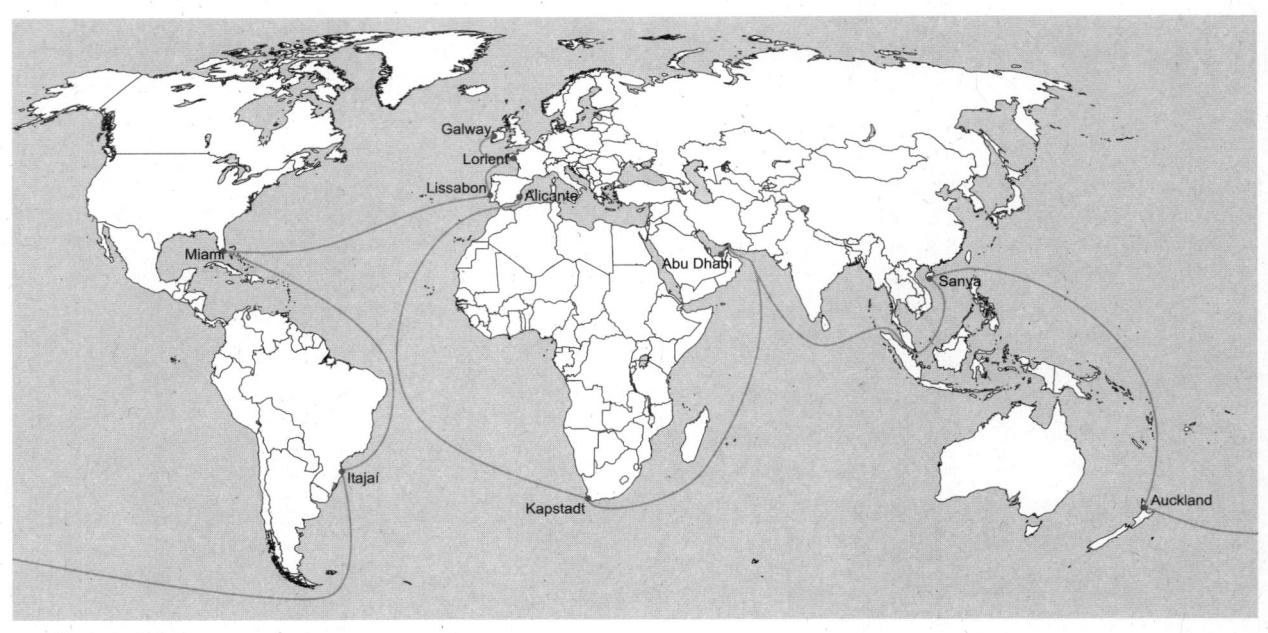

Quelle: http://blog.gaastraproshop.com

▶ a) Kreuzen Sie im Lösungsbogen an, ob die Aussagen zur Abbildung passen oder nicht.

(1) Die Segelyachten waren insgesamt nur auf der Südhalbkugel unterwegs. (2) Sie umsegelten u. a. die Südspitze Indiens, (3) liefen einen Ort in Brasilien an, (4) passierten die Südküste von Kalifornien und (5) landeten auf ihrem Weg zurück nach Irland im Westen von Spanien an.

▶ b) Folgen Sie der Segelstrecke. **Streichen Sie** im Lösungsbogen alle geografischen Orte **durch,** die die Yachten im Verlauf ihrer Fahrt vom Start bis zum Ziel **nicht bzw. nicht auf der jeweiligen Etappe der Strecke** passiert haben.

19 Energiegewinnung aus Biomasse

Sie sollen eine Präsentation zu folgendem Thema vorbereiten:

Auswirkungen der Energiegewinnung aus Biomasse auf die Umwelt

▶ Kreuzen Sie im Lösungsbogen an, welche der aufgeführten Notizen inhaltlich zum Thema Ihrer Präsentation passen und welche nicht.

	Notizen für eine Präsentation
1	Nachwachsende Rohstoffe ➔ billig, Unabhängigkeit von anderen Staaten
2	Verbrennung von Biogas ➔ fossile Energieträger können eingespart werden
3	Vergärung der Gülle statt sie auf die Felder auszubringen (Boden- und Gewässerbelastung!) ➔ sinnvolle Weiterverwertung
4	Erhöhung der Pachtpreise ➔ Milchbauern geraten unter Preisdruck
5	Kombination von Photovoltaik-Anlage und Biomasseheizwerk ➔ in wirtschaftlicher Hinsicht besonders sinnvoll
6	Monokulturanbau (Energiepflanzen für Biogas) ➔ Artensterben durch Pestizide und Kunstdünger

18 Nutzung der Windenergie auf besondere Art

a) Kreuzen Sie an:

	1	2	3	4	5
Aussage passt zur Abbildung		X	X		
Aussage passt nicht zur Abbildung	X			X	X

je 1 Punkt, insgesamt 5 Punkte — 5 P.

b) Streichen Sie die erfragten geografischen Orte durch:

Start → Mittelmeer → ~~Ostsee~~ → Straße von Gibraltar → ~~Pazifik~~ → Atlantik → Indischer Ozean → ~~Rotes Meer~~ → ~~Suezkanal~~ → Persischer Golf → Südostasiatische Inseln → Pazifik → Atlantik → Karibische Inseln → ~~Panamakanal~~ → Atlantik → Ziel

je 1 Punkt, insgesamt 5 Punkte — 5 P.
Punktabzug bei mehr als fünf durchgestrichenen geografischen Orten.

Die richtige Zuordnung bei Aufgabe a) und die korrekte Lösung von Aufgabe b) erfordern eine Vorstellung von der geografischen Lage der Kontinente sowie bedeutender Gewässer (auch Meerengen und Kanäle) auf der Erde. Mit aktiviertem Wissen aus dem Erdkundeunterricht lassen sich Indien, Brasilien, Kalifornien, Irland und Spanien unschwer auf der Weltkarte verorten. Als Vorbereitung auf die Prüfung sollte gezielt mit dem Atlas gearbeitet werden. Es empfiehlt sich, regelmäßig die aktuellen Informationen zum weltweiten Tagesgeschehen aus den Medien auf einer Weltkarte zu verorten.

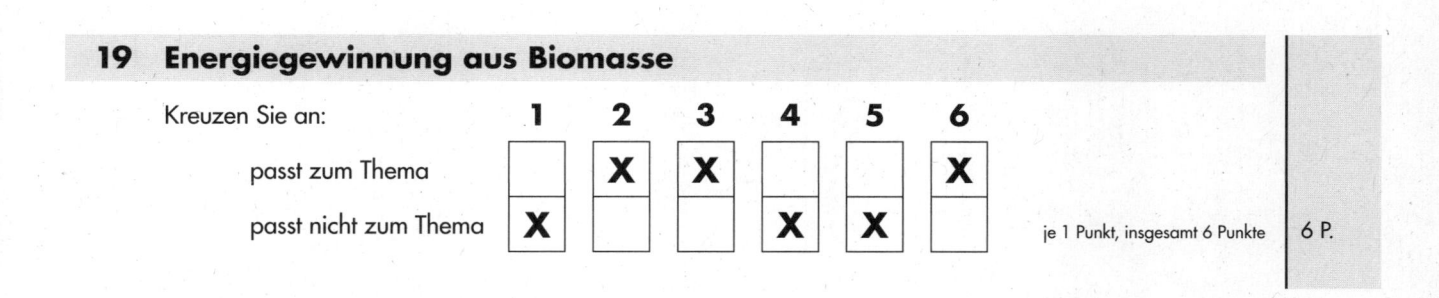

19 Energiegewinnung aus Biomasse

Kreuzen Sie an:

	1	2	3	4	5	6
passt zum Thema		X	X			X
passt nicht zum Thema	X			X	X	

je 1 Punkt, insgesamt 6 Punkte — 6 P.

Die aufgelisteten Notizen müssen daraufhin untersucht werden, ob sie in der geplanten Präsentation über die <u>Auswirkungen</u> der Energiegewinnung auf die Umwelt Verwendung finden können, ob also ein inhaltlicher Zusammenhang besteht oder nicht.

Anmerkungen zu den nicht dazugehörigen Stichpunkten:
In Notiz 1 werden die Art des Rohstoffes, der finanzielle Aspekt und Konsequenzen daraus angesprochen; die Notizen 4 und 5 beschreiben ebenfalls finanzielle Gesichtspunkte: Notiz 4 bezogen auf die Pachtpreise und die Preisgestaltung, Notiz 5 bezogen auf die Wirtschaftlichkeit der kombinierten Anlagen.

20 Sonnenenergie und Biomasse

> *Pflanzen nehmen Energie in Form von Sonnenstrahlung auf und wandeln diese in Biomasse um. Die Geschwindigkeit, mit der Biomasse hergestellt wird, heißt Produktivität und wird in Substanz pro Flächeneinheit und Zeit (Gramm/Quadratmeter/im Jahr) ausgedrückt. Je höher die Temperatur und der Niederschlag, desto größer die Produktivität.*
>
> *www.faszination-regenwald.de*

▶ Im Folgenden sind die Klimadiagramme zweier Klimazonen dargestellt. Lesen Sie dazu den oben stehenden Text im Kasten und kreuzen Sie im Lösungsbogen an, ob die folgenden Aussagen zutreffend sind oder nicht.

A In Klimazone 1 baut sich Biomasse insgesamt langsamer auf als in Klimazone 2.

B In beiden Klimazonen liegt die Produktivität etwa gleich.

C In Klimazone 1 wachsen Pflanzen insgesamt langsamer als in Klimazone 2.

D In Klimazone 2 gibt es keine Jahreszeiten, deshalb kann die Biomasse das ganze Jahr über kontinuierlich wachsen.

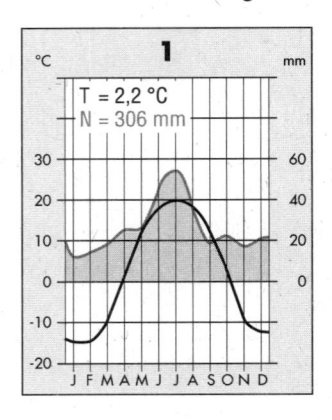

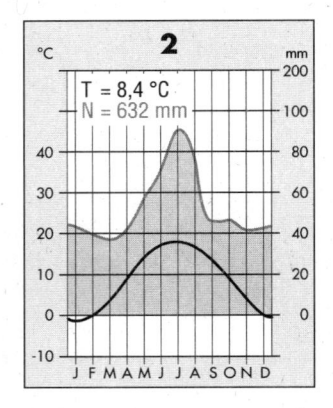

Quellen:
Brucker/Hausmann: Unsere Erde 7, Realschule, Ausgabe B, München 1994, S. 95.
Brucker/Hausmann: Unsere Erde 9, Realschule, Ausgabe B, München 1995, S. 55.

21 Interpretation von Karikaturen

▶ Eine Karikatur kann viele Aussagen gleichzeitig enthalten. Sie soll den Betrachter zum kritischen Nachdenken anregen und auf neue Ideen bringen. Welche der angegebenen Aussagen und weiterführenden Gedanken passen zur gegebenen Karikatur und welche passen nicht dazu? Tragen Sie im Lösungsbogen den entsprechenden Kennbuchstaben ein (r = richtig, f = falsch).

1 Ab dem Jahr 2023 haben alle Haushalte in Deutschland Photovoltaikanlagen.

2 Besonders im Winter ist Solartechnik praktisch.

3 Die Nutzung von Solartechnik beschränkt sich bald nicht mehr ausschließlich auf einen besonders fortschrittlich denkenden Personenkreis.

4 Die Nutzung von Solartechnik schützt den Wald.

5 Erst ab dem Jahr 2023 ist die Solarenergie für den Normalverbraucher zugänglich.

6 Man wird wohl in Zukunft auf Solartechnik setzen.

7 Photovoltaikanlagen werden wohl in Zukunft vom Normalverbraucher genutzt.

8 Die Nutzung alternativer Energien könnte künftig ganz selbstverständlich werden.

© Michael Hüter

Quelle: http://www.volker-quaschning.de/Michael-Hueter/index.php

20 Sonnenenergie und Biomasse

Kreuzen Sie an:

	A	B	C	D
zutreffend	X		X	
nicht zutreffend		X		X

je 1 Punkt, insgesamt 4 Punkte — 4 P.

Diese Aufgabe muss erst einmal ganz genau gelesen werden, vor allem der letzte Satz. Außerdem sollte die Interpretation von Klimadiagrammen aus dem Erdkundeunterricht als eine grundlegende Methode bekannt sein. Wer sein Schulwissen aktivieren und einfachere logische Verknüpfungen herstellen kann, dürfte die Aufgabe mühelos lösen können. Hier erweist sich der letzte Satz als „Türöffner" der hilft, die Aufgabe anzugehen: „Je höher die Temperatur und der Niederschlag, desto größer die Produktivität". Bei den vorliegenden Klimadiagrammen genügt schon ein Blick auf die Jahresmitteltemperaturen (2,2 Grad Celsius in Abbildung 1 und 8,4 Grad Celsius in Abbildung 2) und die Jahresniederschlagswerte (306 mm in Abbildung 1 und 632 mm in Abbildung 2). Daraus ergibt sich zwangsläufig, dass die Produktivität, nämlich die Geschwindigkeit, mit der Biomasse hergestellt wird, in Klimazone 2 höher sein muss als in Klimazone 1. Folglich trifft Aussage A zu. Konsequenterweise muss Aussage B dann falsch sein. Wenn die Geschwindigkeit, mit der Biomasse hergestellt wird, mit der Höhe der Temperatur und des Niederschlags zunimmt, muss C richtig sein. Antwort D dagegen ist falsch, weil das Klimadiagramm 2 auf ein Jahreszeitenklima hinweist, in dem sich warme und kalte Jahreszeiten deutlich voneinander unterscheiden: Die Durchschnittstemperatur liegt im Januar knapp unter dem Gefrierpunkt, im Juli bei rund 18 Grad Celsius).

21 Interpretation von Karikaturen

Tragen Sie ein:

	1	2	3	4	5	6	7	8
richtig (r) oder falsch (f)	f	f	r	f	f	r	r	r

je 1 Punkt, insgesamt 8 Punkte — 8 P.

Um eine Karikatur interpretieren zu können, ist immer Hintergrundwissen notwendig, weil Karikaturen meist zum Nachdenken über ein bestimmtes (aktuelles) Thema anregen. Zur Lösung dieser Aufgabe ist es sinnvoll, dieses Hintergrundwissen zu aktivieren, indem man zuerst für sich selbst versucht, zu erschließen, worum es geht, und sich dann erst an das Ankreuzen der richtigen Aussagen macht. Die Karikatur von Michael Hüter zeigt einen Jäger, der mit seiner Jagdwaffe auf einem Jägerstand sitzt und sich mit einer Heizdecke wärmt. Der Strom dazu kommt aus einer Solarzelle, die über ihm auf dem Jägerstand angebracht ist.
Überspitzt und witzig wird hier die Zukunft der Solartechnik dargestellt, deren Nutzung im Alltag künftig ganz selbstverständlich sein wird. Hat man die Intention dieser Karikatur erfasst, können die Aussagen 1, 2, 4, 5 mühelos als falsch identifiziert werden.

22 Sommer- und Winterzeit

Die Mitteleuropäische Sommerzeit beginnt jeweils am letzten Sonntag im März um 2 Uhr Mitteleuropäischer Zeit (MEZ): Die Uhr wird dann um eine Stunde vorgestellt. Am letzten Sonntag im Oktober, um 3 Uhr MEZ, endet die Mitteleuropäische Sommerzeit. In Deutschland wurde die jetzt gültige Zeitumstellung von der Normalzeit – oder, wie von vielen bezeichnet, „Winterzeit" – auf die Sommerzeit im Jahr 1980 eingeführt. Durch eine bessere Nutzung des Tageslichts sollte Energie gespart werden. Diese Überlegung war u. a. eine Nachwirkung aus der Zeit der Ölkrise in Deutschland 1973.

▶ Welche Aussagen sind in diesem Zusammenhang richtig (r), welche falsch (f)? Kreuzen Sie im Lösungsbogen das entsprechende Kästchen an.

1 Am letzten Sonntag im Oktober werden bei uns die Uhren von 3 Uhr auf 2 Uhr zurückgestellt.

2 Die Nacht der Umstellung auf Mitteleuropäische Sommerzeit ist um eine Stunde länger.

3 22 Uhr Mitteleuropäischer Sommerzeit entspricht 23 Uhr Mitteleuropäischer Zeit.

4 Die Mitteleuropäische Zeit (MEZ) entspricht der „Winterzeit" bei uns.

5 Der Tag der Umstellung im Herbst zählt 24 Stunden.

23 Bayern, Deutschland und Europa

▶ a) Ergänzen Sie im Lösungsbogen die drei Aussagen zu Bayern, Deutschland und Europa. Setzen Sie dazu im Lösungsbogen jeweils ein Kreuz bei der zutreffenden Zahl.

▶ b) Ordnen Sie den im Lösungsbogen vorgegebenen geografischen Orten jeweils die richtige Zahlen-Buchstabenkombination zu. Ein Beispiel ist vorgegeben.

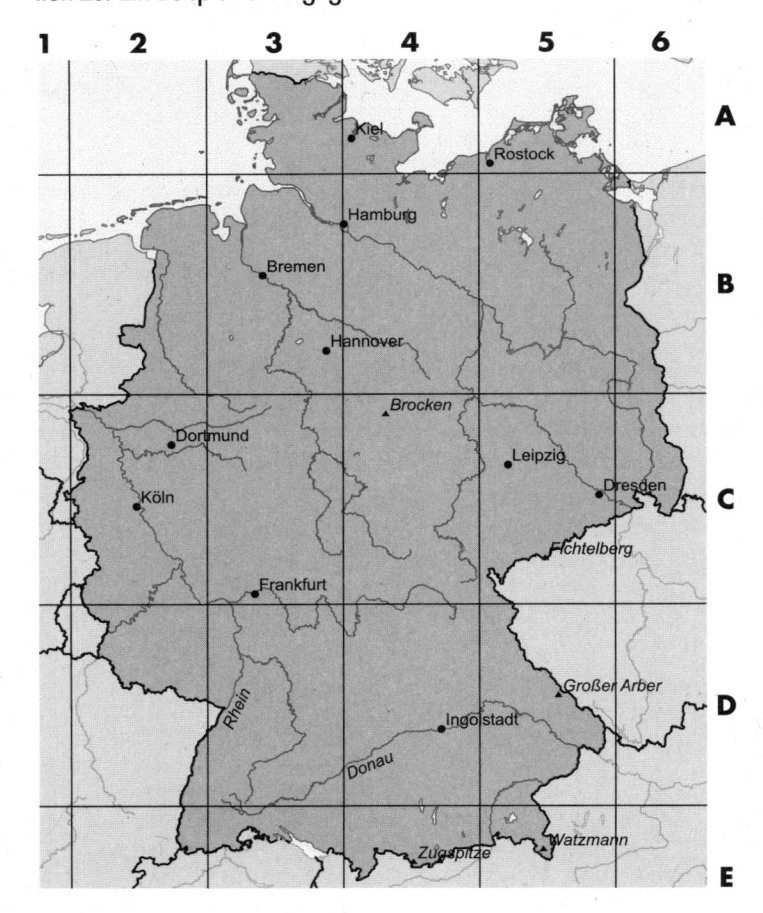

Quelle: http://upload.wikimedia.org/wikipedia/commons/0/0b/Relief_Map_of_Germany.svg (verändert)

22 Sommer- und Winterzeit

Kreuzen Sie an, ob die Aussagen richtig oder falsch sind:

	1	2	3	4	5
richtig	X			X	
falsch		X	X		X

je 1 Punkt, insgesamt 5 Punkte — 5 P.

Bei dieser Aufgabe gilt es, einem kurzen Text geeignete Informationen zu entnehmen. Hierzu muss der Text mehrmals konzentriert gelesen werden, bevor man sich auf die Aufgaben „stürzt". Man sollte der Versuchung widerstehen, bei Aufgaben dieses Typs die vermeintlich richtigen Aussagen anzukreuzen, bevor man den Text genau gelesen hat. Aus dem Text ergibt sich, dass Aussage 1 richtig ist: Wenn die Uhren im März um eine Stunde vorgestellt werden, müssen sie logischerweise im Oktober zurückgestellt werden. Auch bei Aussage 2 hilft der Text weiter: Sie ist falsch, weil am letzten Sonntag im März die Uhr um eine Stunde vorgestellt wird, damit ist die Nacht um eine Stunde kürzer. Auch Aussage 3 trifft nicht zu, denn die MEZ (Mitteleuropäische Zeit) entspricht unserer „Winterzeit", was hieße, dass es um 23 Uhr „eigentlich" – nach Mitteleuropäischer Sommerzeit – schon 24 Uhr wäre. Auch Aussage 4 trifft zu: Die MEZ entspricht der „Winterzeit" bei uns. So steht es im Text. Weiter ist dem Text zu entnehmen, dass Aussage 5 falsch ist: Wenn im Herbst die Uhren eine Stunde zurückgestellt werden, hat der Tag der Umstellung 25 Stunden. Aussage 5 ist also falsch.

---

23 Bayern, Deutschland und Europa

a) Kreuzen Sie an:

Bayern gliedert sich in 5 ☐ 7 ☒ 9 ☐ 11 ☐ Regierungsbezirke.

Deutschland setzt sich zusammen aus 10 ☐ 16 ☒ 19 ☐ 25 ☐ Bundesländern.

Der Europäischen Union gehören 15 ☐ 21 ☐ 25 ☐ 27 ☒ Staaten an.

je 1 Punkt, insgesamt 3 Punkte — 3 P.

b) Ordnen Sie zu:

Beispiel:

München	4 D

Grenze zu Dänemark	3 A
Stuttgart	3 D
Berlin	5 B
Nürnberg	4 D
Passau	5 D

Erzgebirge	5 C
Berchtesgaden	5 E
Bayerischer Wald	5 D
Thüringer Wald	4 C
Elbmündung	3 B

je 1 Punkt, insgesamt 10 Punkte
Beide Teile der Ziffern-Buchstaben-Kombination müssen richtig sein. — 10 P.

Ein solides geografisches Grundwissen bezüglich Bayerns, Deutschlands und des europäischen Kontinents schließt gute Kenntnisse über deren politische Gliederung mit ein. Gezielte Atlasarbeit hilft bei der Vorbereitung.

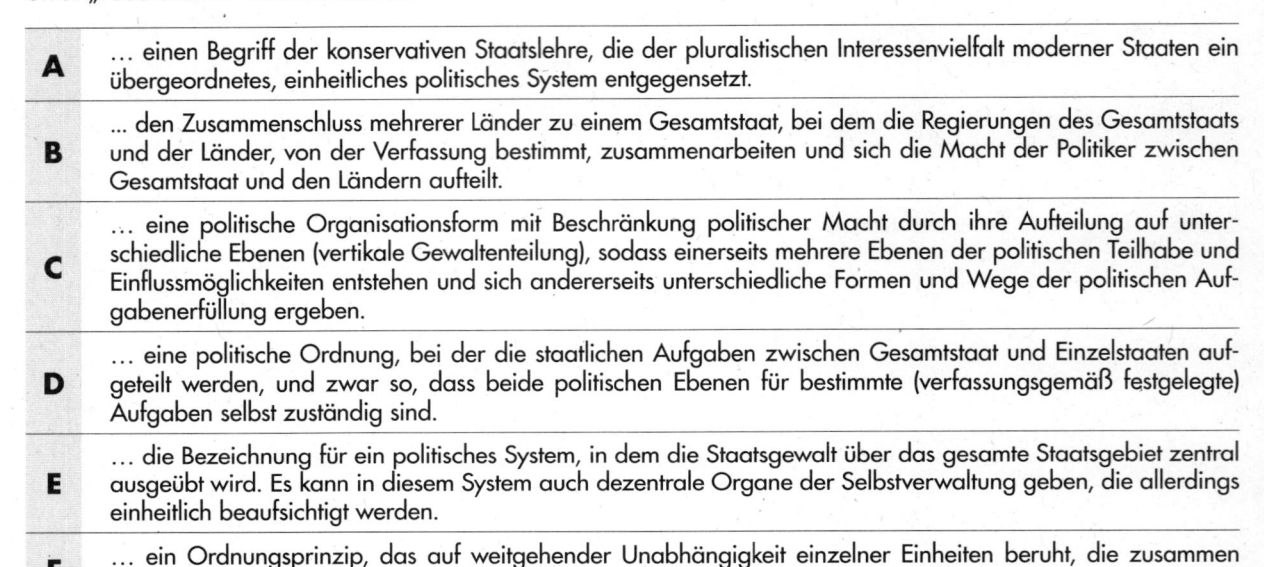

24 Verfassungsmäßige Ordnung in den Bundesländern

Rahmenbedingungen und Fördermaßnahmen, die sich auf erneuerbare Energien beziehen, werden auch in den Bundesländern gegeben, so von der Bauordnung über die Raum- und Landesplanung bis hin zu landeseigenen Energiegesetzen. Als Grundlage gilt für alle Handelnden und alle Maßnahmen, dass sie der verfassungsmäßigen Ordnung entsprechen müssen. Dazu bestimmt das Grundgesetz für die Bundesrepublik Deutschland z. B. im Artikel 28:

(1) Die verfassungsmäßige Ordnung in den Ländern muss den Grundsätzen des republikanischen, demokratischen und sozialen Rechtsstaates im Sinne dieses Grundgesetzes entsprechen. [...]

(3) Der Bund gewährleistet, dass die verfassungsmäßige Ordnung der Länder den Grundrechten und den Bestimmungen der Absätze 1 und [...] entspricht.

▶ a) Somit gilt in allen Ländern der Bundesrepublik das Prinzip der Gewaltenteilung in Legislative, Exekutive und Judikative. Tragen Sie im Lösungsbogen für diese drei Bereiche den jeweils zutreffenden deutschen Fachbegriff ein.

▶ b) Die verfassungsmäßige Ordnung der Bundesrepublik Deutschland ist zudem mit dem Fachbegriff „Föderalismus" gekennzeichnet. Kreuzen Sie im Lösungsbogen bei den Kennbuchstaben an, ob die dabei stehende Definition zutreffend ist oder nicht.

Unter „Föderalismus" versteht man ...

A	... einen Begriff der konservativen Staatslehre, die der pluralistischen Interessenvielfalt moderner Staaten ein übergeordnetes, einheitliches politisches System entgegensetzt.
B	... den Zusammenschluss mehrerer Länder zu einem Gesamtstaat, bei dem die Regierungen des Gesamtstaats und der Länder, von der Verfassung bestimmt, zusammenarbeiten und sich die Macht der Politiker zwischen Gesamtstaat und den Ländern aufteilt.
C	... eine politische Organisationsform mit Beschränkung politischer Macht durch ihre Aufteilung auf unterschiedliche Ebenen (vertikale Gewaltenteilung), sodass einerseits mehrere Ebenen der politischen Teilhabe und Einflussmöglichkeiten entstehen und sich andererseits unterschiedliche Formen und Wege der politischen Aufgabenerfüllung ergeben.
D	... eine politische Ordnung, bei der die staatlichen Aufgaben zwischen Gesamtstaat und Einzelstaaten aufgeteilt werden, und zwar so, dass beide politischen Ebenen für bestimmte (verfassungsgemäß festgelegte) Aufgaben selbst zuständig sind.
E	... die Bezeichnung für ein politisches System, in dem die Staatsgewalt über das gesamte Staatsgebiet zentral ausgeübt wird. Es kann in diesem System auch dezentrale Organe der Selbstverwaltung geben, die allerdings einheitlich beaufsichtigt werden.
F	... ein Ordnungsprinzip, das auf weitgehender Unabhängigkeit einzelner Einheiten beruht, die zusammen aber ein Ganzes bilden.

24 Verfassungsmäßige Ordnung in den Bundesländern

a)

Legislative	**Gesetzgebende Gewalt** (oder) **Gesetzgebung** (falsch z. B. Parlament oder Bundestag)
Exekutive	**Ausführende Gewalt** (oder) **Vollziehende Gewalt** (falsch z. B. Regierung oder Bundeskanzler)
Judikative	**Rechtsprechende Gewalt** (oder) **Richterliche Gewalt** (falsch z. B. Gerichte oder Bundesverfassungsgericht)

je 1 Punkt, insgesamt 3 Punkte — 3 P.

b) Kreuzen Sie an:

	A	B	C	D	E	F
zutreffend		X	X	X		X
nicht zutreffend	X				X	

je 1 Punkt, insgesamt 6 Punkte — 6 P.

---

a) Hier geht es um Basiswissen, das oft thematisiert wird: die Prinzipien unserer Verfassung. Zur Vorbereitung eignen sich unbedingt ein aktuelles Sozialkundebuch, die diesbezüglich einschlägigen Informationen bspw. der Bundeszentrale für politische Bildung im Netz unter http://www.bpb.de/ oder jene der Bayerischen Landeszentrale für politische Bildungsarbeit mit der Internetadresse http://192.68.214.70/blz/index.aspx. Dort können etliche Texte der Publikationen online gelesen werden. Über den Link „Online-Version" kommt man unschwer zum Inhalt der sehr übersichtlichen und informativen Veröffentlichungen.

b) Die Bundesrepublik Deutschland ist nach GG Art. 20 ein demokratischer und sozialer Bundesstaat, bei dem alle Staatsgewalt vom Volke ausgeht, die von ihm in Wahlen und Abstimmungen und durch besondere Organe der Gesetzgebung, der vollziehenden Gewalt und der Rechtsprechung ausgeübt wird. Dieser Verfassungstext ist nahezu durchgängig prüfungsrelevant. Bei dieser Aufgabe wird der Fachbegriff unserer bundesstaatlichen, also föderalen Ordnung „abgeklopft".

▶ c) Föderalismus bedeutet auch Vielfalt – in den Ideen, den Abläufen, den Benennungen. Tragen Sie im Lösungsbogen die Kennziffer der zutreffenden Amts- oder Organbezeichnung der jeweiligen Staatsgewalt aus der Auswahlliste beim dort genannten Bundesland ein.

Auswahlliste (Mehrfachnennungen der Begriffe in der Auswahlliste sind möglich):

1	Unterhaus	5	Bürgerschaft	9	Ratsversammlung	13	Abgeordnetenhaus
2	Landeshauptmann	6	Ministerpräsident	10	Regierender Bürgermeister	14	Präsident des Senats/ Erster Bürgermeister
3	Landtag	7	Senat	11	Forum		
4	Stadtrat	8	Landsmannschaft	12	Premierminister		

▶ d) Die föderale Vielfalt kommt auch in den offiziellen Bezeichnungen der einzelnen Bundesländer zum Tragen. Vermerken Sie im Lösungsbogen neben dem Namen des Landes, ob sich dieses „nur" als **Land** (Kennbuchstabe **„L"**), als **Freistaat** (Kennbuchstabe **„F"**) oder als **Freie Hansestadt** bzw. **Freie und Hansestadt** (Kennbuchstabe **„H"**) bezeichnet.

c) Tragen Sie die jeweils zutreffende Kennziffer ein:

Bundesland	Bezeichnung des Amtsinhabers oder des obersten Organs der **Exekutive** im Land	Bezeichnung des Amtsinhabers oder des obersten Organs der **Legislative** im Land
Hamburg	14	5
Sachsen	6	3
Bayern	6	3
Berlin	10	13

je 1 Punkt, insgesamt 8 Punkte — 8 P.

d)

Bundesland	Offizielle Bezeichnung
Bremen	H
Brandenburg	L
Thüringen	F
Bayern	F
Hessen	L

je 1 Punkt, insgesamt 5 Punkte — 5 P.

---

c) Die Vielfalt föderaler Institutionen in den Ländern der Bundesrepublik wird hier thematisiert. Zur Vorbereitung wird empfohlen, sich einen Überblick über die Gleichartigkeiten und Unterschiede der 16 Länder zu verschaffen. So unterscheiden sich etwa die Bezeichnungen der Parlamente oder der Regierungschefs in den Flächenstaaten von jenen der Stadtstaaten deutlich.

d) s. o. zu c)

Die Prüfungsaufgaben für das Einstellungsjahr 2014

Landwirtschaft im Wandel der Zeit

Beim ersten Hahnenschrei aufstehen und so lange schuften, bis die Sonne untergeht, damit es gerade einmal so zum Leben reicht – so lässt sich das Leben der Bauern durch Jahrhunderte beschreiben. Trotz aller Mühen und Beschwernisse aber hat die Landwirtschaft seit Jahrtausenden bis weit ins 20. Jahrhundert hinein nicht nur die Lebensweise der meisten Menschen maßgeblich bestimmt, sondern auch die Landschaften in Europa geformt.

Seit dem frühen Mittelalter waren es Bauern im Umfeld von Klöstern, aber auch Mönche selber, die dem Wald neuen Ackerboden abrangen, Sumpfgebiete trockenlegten oder Ödland in Heideland verwandelten. Der Wald wurde um die Hälfte auf seinen heutigen Bestand gerodet. Auf dem urbar gemachten Boden entstanden neue bäuerliche Siedlungen, die unter dem Schutz eines Grundherren, eines Grafen oder eines Klosters standen. Mitunter entwickelten sich bäuerliche Flurgemeinschaften, die ihre Felder entsprechend der Dreifelderwirtschaft im jährlichen Wechsel mit Sommer- oder Winterfrucht bestellten, als Weideland für ihre Tiere nutzten und im dritten Jahr zur Regeneration des Bodens brachliegen ließen. Die adeligen Gutsherren beteiligten sich selbst nicht an der Ausweitung des Ackerlandes, sondern forderten Frondienste und Abgaben für Rodefreiheiten bzw. Pachtverhältnisse. Harte Arbeit, um einem kargen Boden das tägliche Brot abzuringen, die Launen der Natur und die feudale Lehensuntertänigkeit, die die Grundherren seit dem Spätmittelalter noch verschärften, bestimmten jahrhundertelang das Leben der meisten Bauern.

Bis zum Beginn der Neuzeit lebten und arbeiteten in Deutschland etwa 90 Prozent der Bevölkerung auf dem Land. Neben der Familie des Bauern lebten auf dem Hof zumeist die Altenteiler – die Eltern des Bauern oder der Bäuerin –, dazu eine Anzahl von Mägden oder Knechten. Sie erzeugten ihre Lebensmittel selbst, nur Weniges wurde verkauft oder zugekauft. Notlagen gab es durch ungünstiges Wetter, Schädlingsbefall und dann, wenn in Kriegen Felder verwüstet, Vieh und Ernte geraubt wurden. Auch die Abgaben, die an die „Herren" zu leisten waren, schmälerten das Einkommen der Bauern. Erst in heutiger Zeit ist die Landwirtschaft zu einem in den natürlichen Grenzen einigermaßen berechenbaren Wirtschaftszweig geworden.

Bedingt durch moderne Maschinen und Transportsysteme, Melk- und Fütterungsanlagen, Silos und Computer ist es heute möglich, mit weniger Arbeitskräften, dafür aber mit erheblichem Einsatz von Kapital zu produzieren. Dies bezeichnet man als technischen Fortschritt. Dazu zählen auch die Produkte der Industrie, die zur Düngung und zur Bekämpfung von Schädlingen eingesetzt werden. Leistungsfähigere Pflanzen und Tiere konnten gezüchtet werden. Bei Weizen hat sich der Ertrag in den letzten Jahrzehnten z. B. von etwa 20 auf über 75 Dezitonnen pro Hektar (dt/ha) steigern lassen. Milchkühe gaben früher im Jahr etwa 2.000 kg Milch, heute sind es im Durchschnitt fast 7.000 kg, Spitzenkühe geben oft über 10.000 kg. Neben verbesserter Düngung und Fütterung sind die neuen Rassen und Sorten Gründe für die Leistungssteigerung. Man spricht auch vom biologisch-technischen Fortschritt. Ob ein Betrieb nur Ackerbau, Viehhaltung oder Obst- und Gemüseanbau bzw. zwei oder mehrere der Betriebsformen betreibt, hängt von den jeweiligen Gegebenheiten ab. Kombinationen werden so ausgewählt, dass sie mit der vorhandenen Arbeitskraft leistbar sind und die produzierten Güter einen optimalen Gewinn bringen.

42 Die deutsche Landwirtschaft hat sich der Wirtschaftsstruktur in Deutschland und Europa so
43 stark wie möglich angepasst und produziert infolgedessen mit etwa zwei Prozent der Er-
44 werbstätigen über 90 Prozent der nachgefragten Lebensmittel. Vor 60 Jahren waren noch
45 über zehn Prozent der Erwerbstätigen in der Landwirtschaft tätig und konnten die Ernährung
46 nicht sicherstellen. Dieser Wandel war nur dadurch möglich, dass Millionen von Bauern
47 ihren Beruf aufgaben. Die verbleibenden Bauern erhöhten Flächen und Tierbestände und
48 führten die Arbeit mit teuren Geräten und Maschinen und in arbeitssparenden Bauten durch.
49 Durch den Einsatz von Computern wurde die Produktivität weiter gesteigert. Landwirtinnen
50 und Landwirte brauchen deshalb heute eine sehr gute Ausbildung, müssen mannigfache
51 Kenntnisse und Fähigkeiten erwerben. Viele der heutigen Landwirte haben einen Meistertitel
52 oder ein Diplom einer Hochschule.

53 Die Entwicklung geht weiter. Nicht nur neue Produkte wie nachwachsende Rohstoffe und
54 regenerierbare Energien aus der Landwirtschaft dürften künftig eine größere Rolle spielen.
55 Gentechnologische Veränderungen von Pflanzen und Tieren sind in Entwicklung, Erprobung
56 oder Diskussion. Der verstärkte Einsatz elektronischer Datenverarbeitung, Nutzung der Satel-
57 litentechnik und neuer Produktions- und Vertriebssysteme sind im Gange. So wird die Steue-
58 rung landwirtschaftlicher Maschinen durch Satellitennavigation erprobt. Melkautomaten, die
59 die Kühe ohne menschliches Zutun melken, sind schon längst Realität. Die Zukunft dürfte
60 noch erhebliche Veränderungen mit sich bringen.

61 In der *Gemeinsamen Agrarpolitik (GAP)* stellt sich die EU den künftigen Herausforderungen
62 wie Globalisierung, Klimawandel und Stärkung des ländlichen Raumes, um Bedingungen zu
63 schaffen, die den Landwirten ermöglichen, ihre vielfältigen Aufgaben in der Gesellschaft zu
64 erfüllen und im Wettbewerb zu bestehen.

Quelle: www.ima-agrar.de und www.planet-wissen.de (didaktisch aufbereitet)

Vor der Beantwortung der nachfolgenden Fragen Nr. 1–3 lesen Sie bitte den Text „Landwirtschaft im Wandel der Zeit" (Text auf Seite 74 f.) aufmerksam durch.

1 Inhalt des Textes

▶ Überprüfen Sie für jeden Textabschnitt, ob die vorgegebenen Behauptungen im Sinne des Textes eindeutig richtig sind, im Hinblick auf die Aussagen des Textes falsch sind oder dem Text nicht zu entnehmen sind. Geben Sie auf dem Lösungsbogen die jeweils richtige Antwort mit folgenden Kennbuchstaben an:

R = im Sinne des Textes eindeutig richtig   **F** = im Hinblick auf die Aussagen des Textes falsch   **NE** = dem Text nicht zu entnehmen

Abschnitt 1 (Zeile 1–5)

a) In Europa hatte die Landwirtschaft nur einen geringen Einfluss auf die Lebensweise der Menschen.

b) Auch in außereuropäischen Ländern hatten Landschaften durch das Einwirken der Landwirte zu leiden.

c) Europäische Landschaften wurden durch jahrtausendelange Landwirtschaft im Laufe der Zeit verändert.

Abschnitt 2 (Zeile 6–18)

a) Im Mittelalter verlangten adelige Landbesitzer Gegenleistungen für die Nutzung ihrer Felder.

b) Im Spätmittelalter entschärfte sich schließlich die Abhängigkeit der Landwirte von ihren Gutsherren.

c) Im Mittelalter entwickelten sich im Umfeld von Klöstern neben bäuerlichen auch städtische Siedlungen.

Abschnitt 3 (Zeile 19–27)

a) Die Bauern lebten häufig generationenübergreifend auf ihren Höfen.

b) Die Landwirte waren stark auf den Verkauf ihrer Ernte angewiesen.

c) Unter anderem gefährdeten Missernten die Selbstversorgung.

Abschnitt 4 (Zeile 28–41)

a) Industrielle Produktionsmethoden führten zu einem steigenden Kapitaleinsatz bei der Erzeugung landwirtschaftlicher Produkte.

b) Die Gentechnologie hat in den letzten Jahrzehnten erheblich zur Produktionssteigerung in der Landwirtschaft beigetragen.

c) Spitzenkühe geben heute bis zu fünftausend Kilogramm Milch pro Jahr.

Abschnitt 5 (Zeile 42–52)

a) Obwohl der Anteil der Landwirte in Deutschland deutlich zurückgegangen ist, können die Verbraucher gut mit nachgefragten Lebensmitteln versorgt werden.

b) Die deutsche Landwirtschaft nimmt sich auch außereuropäische wirtschaftliche Strukturen zum Vorbild.

c) Vor zehn Jahren waren noch 60 Prozent der Erwerbstätigen in der Landwirtschaft tätig.

Abschnitt 6 (Zeile 53–60)

a) Die Steuerung landwirtschaftlicher Maschinen mithilfe von Satelliten hält Einzug in die Landwirtschaft.

b) Gentechnologie für die Landwirtschaft soll nicht weiter getestet werden.

c) Ohne menschliche Mithilfe können Kühe heute noch nicht gemolken werden.

1 Inhalt des Textes

Tragen Sie für die Aussagen a), b) und c) zu den einzelnen Textabschnitten den jeweils zutreffenden Kennbuchstaben **R**, **F** oder **NE** ein:

Abschnitt 1
a) F
b) NE
c) R

Abschnitt 2
a) R
b) F
c) NE

Abschnitt 3
a) R
b) F
c) R

Abschnitt 4
a) R
b) NE
c) F

Abschnitt 5
a) R
b) NE
c) F

Abschnitt 6
a) R
b) F
c) F

je 1 Punkt, insgesamt 18 Punkte — 18 P.

Bei dieser Aufgabe geht es nicht darum, ob die zur Auswahl stehenden Aussagen für sich allein gesehen richtig oder falsch sind. Vielmehr muss überprüft werden, ob ihr Inhalt dem jeweiligen Textabschnitt zu entnehmen ist („im Sinne des Textes eindeutig richtig"), ob der Textabschnitt, bezogen auf den Text, falsch ist („im Hinblick auf die Aussagen des Textes falsch") oder ob die Thematik überhaupt nicht angesprochen wird („dem Text nicht zu entnehmen"). Diese Überprüfung ist für jede einzelne Aussage vorzunehmen, im Anschluss daran ist die zutreffende Antwort im Lösungsblatt anzukreuzen.

Fragestellung zu Textabschnitt 1 als Beispiel:
Aussage a): Diese Aussage widerspricht dem Inhalt des Textes, sie ist also falsch. In den Zeilen 3 bis 5 steht das Gegenteil, nämlich, dass die Lebensweise der Menschen maßgeblich von der Landwirtschaft bestimmt war.
Aussage b): Dieser Aspekt wird im Textabschnitt nicht angesprochen, ist also nicht enthalten.
Aussage c): Auf diesen Sachverhalt wird in Zeile 5 hingewiesen.

2 Was ist gemeint?

▶ a) Tragen Sie zu jedem nachfolgend aufgeführten Fremdwort jeweils den Kennbuchstaben des Wortes in den Lösungsbogen ein, das dessen Sinn **im vorgegebenen Zusammenhang** (Text auf Seite 74 f.) am besten wiedergibt.

1. Regeneration (Zeile 13)
- A Erneuerung
- B Rückgewinnung
- C Genesung
- D Entspannung

2. feudal (Zeile 17)
- A verheerend
- B herrschaftlich
- C streng
- D gnadenlos

3. Kombination (Zeile 39/40)
- A Schlussfolgerung
- B Zusammenarbeit
- C Verminderung
- D Verbindung

4. optimal (Zeile 41)
- A angemessen
- B hoch
- C bestmöglich
- D erfreulich

5. Produktivität (Zeile 49)
- A Leistungsfähigkeit
- B Einfallsreichtum
- C Verkauf
- D Herstellung

6. Diskussion (Zeile 56)
- A Unterhaltung
- B Zwiesprache
- C Meinungsaustausch
- D Rücksprache

7. Realität (Zeile 59)
- A Vergangenheit
- B Klarheit
- C Beschluss
- D Wirklichkeit

▶ b) Entscheiden Sie, was mit den im Lösungsbogen angegebenen Ausdrücken Nrn. 1. bis 4. im jeweiligen Textzusammenhang (Text auf Seite 74 f.) gemeint ist. Unterstreichen Sie im Lösungsbogen zu jedem Ausdruck alle Wörter bzw. Wortgruppen in der rechten Spalte, die mit der betreffenden Wendung aus dem Text bedeutungsgleich sind.

2 Was ist gemeint?

a) Tragen Sie den jeweiligen Kennbuchstaben ein:

1. Regeneration **A** 4. optimal **C** 7. Realität **D**

2. feudal **B** 5. Produktivität **A**

3. Kombination **D** 6. Diskussion **C**

je 1 Punkt, insgesamt 7 Punkte   7 P.

b) Unterstreichen Sie die im Textzusammenhang bedeutungsgleichen Wörter in der rechten Spalte:

	Ausdruck	Wörter/Wortgruppen
1.	bedingt (Z. 28)	eingeschränkt / relativ / gänzlich / <u>aufgrund</u>
2.	Ertrag (Z. 33)	<u>Ernte</u> / Etat / Kosten / Arbeitsaufwand
3.	infolgedessen (Z. 43)	schließlich / <u>dadurch</u> / logischerweise / <u>aus diesem Grund</u>
4.	Wettbewerb (Z. 64)	<u>wirtschaftliche Rivalität</u> / Turnier / <u>Konkurrenz</u> / Partie

je 1 Punkt, insgesamt 6 Punkte   6 P.
Bei mehr als 6 Unterstreichungen: 1 Punkt Abzug pro überzähliger Unterstreichung (niedrigster Endpunktwert 0)

---

a) Bei dieser Aufgabe muss nicht nur das Fremdwort in den entsprechenden deutschen Begriff „übersetzt" werden, sondern es muss zusätzlich überprüft werden, ob der gefundene Begriff in den vorgegebenen Text passt. Deshalb ist jeweils die Textstelle angegeben, an der das Fremdwort verwendet wird. Im Zweifelsfall kann durch Einsetzen der möglichen Alternativen in den Text (Frage: Ergibt der Satz dann einen Sinn?) im Ausschlussverfahren die richtige Antwort gefunden werden.

b) Auch hier geht es darum, dass die bedeutungsgleichen Wörter (= Synonyme) im Textzusammenhang einen Sinn ergeben. Es können auch mehrere Synonyme zu einem Begriff genannt sein. Hier führt die Einsetz-Probe am schnellsten zum Ziel.

3 Gesamtaussagen des Textes

▶ a) Welche Absicht verfolgen die Autoren mit dem Text „Landwirtschaft im Wandel der Zeit"? Kreuzen Sie die **drei** zutreffenden Kennzahlen im Lösungsbogen an.

Sie …

1 zeigen aktuelle Missstände auf.
2 vermitteln historische Zusammenhänge.
3 wollen eine Änderung im Verhalten des Lesers bewirken.
4 informieren.
5 fordern zum Handeln auf.
6 geben einen Ausblick in die Zukunft.
7 unterhalten.
8 warnen.

▶ b) Folgende Überschriften gehören zu bestimmten Textabschnitten. Tragen Sie die Kennbuchstaben der Überschriften in der Reihenfolge im Lösungsbogen ein, wie sie im Text behandelt werden.

A Bäuerliche Betriebe als Selbstversorger
B Landwirtschaft und Europapolitik
C Die Landwirtschaft der Zukunft
D Erweiterung der landwirtschaftlichen Flächen
E Ertragssteigerung durch technische Errungenschaften
F Die Landwirtschaft – prägender Faktor für Mensch und Raum
G Höhere Qualifikationen der Landwirte aufgrund moderner Technik

3 Gesamtaussagen des Textes

a) Kreuzen Sie an:

zutreffende Kennzahlen

1	2	3	4	5	6	7	8
	X		X		X		

je 1 Punkt, insgesamt 3 Punkte
Bei mehr als drei Kreuzen: 1 Punkt Abzug pro zusätzlichem Kreuz (niedrigster Endpunktwert 0)

3 P.

b) Tragen Sie den jeweiligen Kennbuchstaben in der richtigen Reihenfolge ein:

1	2	3	4	5	6	7
F	D	A	E	G	C	B

je 1 Punkt für jeden Buchstaben im richtigen Feld, insgesamt 7 Punkte

7 P.

---

a) Kreuzen Sie nur Kennziffern an, bei denen Sie sich ganz sicher sind, da bei mehr als drei Kreuzen ein Punkt abgezogen wird.
Neben inhaltlichen Aspekten helfen auch der Sprachstil und die Wortwahl dabei, sich die Absicht des Verfassers zu erschließen. Bereits die Überschrift weist darauf hin, dass es um historische Aspekte geht (Kennziffer 2). In sachlichem Sprachstil wird der Leser darüber informiert (Kennziffer 4). In den Abschnitten 6 und 7 geht es um die Weiterentwicklung in der Zukunft (Kennziffer 6).
b) Am sinnvollsten ist es, den Text abschnittweise durchzugehen und am Ende jedes Abschnitts zu überprüfen, welche der Überschriften seinen Inhalt treffend zusammenfasst. So ergibt sich die Reihenfolge der Kennbuchstaben beim Lesen und Zuordnen.

4 Landwirtschaftliche Angelegenheiten in der Diskussion

In der nachfolgenden Tabelle finden sich neben den Themen 1 bis 7 Oberbegriffe für eine Gliederung der Themen. Entscheiden Sie, ob das Thema jeweils richtig gegliedert ist. Das trifft zu, wenn Inhalt und Anzahl der Oberbegriffe korrekt sind.

Beispiel (Nr. 0) für eine richtige Gliederung:

Nr.	Thema	Oberbegriff(e) für die Gliederung
0	Staatliche Förderung der Landwirtschaft – Erörtern Sie sowohl positive als auch negative Aspekte.	I. Positive Aspekte/Vorteile II. Negative Aspekte/Nachteile

▶ Kreuzen Sie im Lösungsbogen für jedes Thema (Nrn. 1–7) an, ob es richtig oder falsch gegliedert ist.

Nr.	Thema	Oberbegriff(e) für die Gliederung
1	Fortlaufende Technisierung der Landwirtschaft oder Erhaltung traditioneller Verfahren? Wägen Sie beide Konzepte gegeneinander ab!	I. Möglichkeiten durch Technisierung II. Möglichkeiten der traditionellen Praxis III. Probleme beider Konzepte
2	Nennen Sie Möglichkeiten und Grenzen der ökologischen Landwirtschaft!	I. Möglichkeiten II. Grenzen III. Persönliche Stellungnahme
3	Deutsche Landwirte haben oft Schwierigkeiten, sich als rentable Unternehmen auf dem Lebensmittelmarkt zu behaupten. Wie kann die heimische Landwirtschaft sowohl durch öffentliche Hand als auch von Verbraucherseite unterstützt werden?	I. Unterstützungsmöglichkeiten des Staates II. Unterstützungsmöglichkeiten des Verbrauchers
4	Die Massentierhaltung wird von vielen Seiten kritisiert. Zeigen Sie Gründe für und gegen die Massentierhaltung auf!	I. Vorteile II. Nachteile III. Gegenmaßnahmen
5	Was halten Sie von der Subventionierung der deutschen Landwirtschaft?	I. Vorteile II. Nachteile III. Persönliche Stellungnahme
6	Gentechnologische Veränderungen von Pflanzen und Tieren geraten immer wieder in die Diskussion. Welche Möglichkeiten bietet der Einsatz von Gentechnologie in der Landwirtschaft? Zeigen Sie auch Argumente der Gegner auf!	I. Chancen II. Kritikpunkte
7	Die Bedingungen für die Landwirte haben sich im Laufe der Zeit stark verändert. Welche Vorteile bringen die neuen Gegebenheiten mit sich und welchen Schwierigkeiten sind Bauern heutzutage im Vergleich zu früher ausgesetzt?	I. Neue Bedingungen II. Vorteile III. Schwierigkeiten

4 Landwirtschaftliche Angelegenheiten in der Diskussion

Kreuzen Sie an:

	0	1	2	3	4	5	6	7
richtig	X			X		X	X	
falsch		X	X		X			X

je 1 Punkt, insgesamt 7 Punkte
kein Punkt für jede Spalte mit mehr als einem Kreuz

7 P.

In einem ersten Schritt müssen die Themen dahingehend untersucht werden, ob sie zwei- oder dreigliedrig sind, also in der Gliederung zwei oder drei Oberbegriffe erfordern. Als nächstes ist zu überprüfen, ob die – eher abstrakt formulierten – Oberbegriffe zum Inhalt des dazugehörigen Thementeils passen.

Thema 1   falsch: Es müssten von jedem Konzept die Vor- und Nachteile erörtert werden und dann in einem letzten Schritt gegeneinander abgewogen werden.
Thema 2   I. und II.: richtig; III.: falsch, denn die eigene Meinung ist nicht gefragt
Thema 3   richtig
Thema 4   I. und II.: richtig; III.: falsch, denn Gegenmaßnahmen sind nicht gefragt
Thema 5   richtig
Thema 6   richtig
Thema 7   I.: falsch, die neuen Bedingungen müssen nicht dargelegt werden; II. und III.: richtig

5 „Zwischen grünem Gewissen und schwarzen Zahlen"

Anlässlich des Starts zur Grünen Woche in Berlin befasste sich „Die Welt" in ihrer Online-Ausgabe im Januar 2013 unter dem Titel „Zwischen grünem Gewissen und schwarzen Zahlen" mit Interessenskonflikten zwischen Bauern und Verbrauchern.

▶ Im Lösungsbogen finden Sie einen Textauszug in abgeänderter Form. In dem Textabschnitt sind Ausdrucksschwächen und Grammatikfehler unterringelt. Tragen Sie im Lösungsbogen neben jeder dieser Markierungen jeweils einen Verbesserungsvorschlag in der rechten Spalte ein.

5 „Zwischen grünem Gewissen und schwarzen Zahlen"

Text	Verbesserungsvorschlag
Immer mehr Konsumenten wollen wissen, woher ihre Lebensmittel kommen und wie sie produziert werden. Eine aktuelle Umfrage zeigt, dass die Hälfte der Verbraucher Wert auf eine besonders tiergerechte Haltung legt. 61 Prozent gibt an, Bio-Produkte besser zu halten.	z. B. geben an zu bevorzugen/für besser zu halten
Agrarverbände wollen in einem „Kritischen Agrarbericht", dass ländliche Kleinbetriebe stärker gefördert werden. Ein breites Bündnis von Sozial- und Umweltverbänden ruft am Samstag durch das Motto „Wir haben es satt" zu einer Demonstration vor dem Berliner Kanzleramt auf. Auf der anderen Seite boomt die Landwirtschaft. Die „grüne Branche" sichert inzwischen rund fünf Millionen Arbeitsplätze in Deutschland. Was die Bauern verdienen, ist 2012 um 3,6 Prozent gestiegen.	fordern unter dem/mit dem Das Einkommen der Bauern
Die landwirtschaftlichen Sachen, die ins Ausland verkauft werden, nahmen um rund sechs Prozent zu und wurden zu einem Volumen von rund 62 Milliarden Euro.	Produkte/Erzeugnisse erreichten ein/ergaben ein/ hatten ein
Lebensmittel „Made in Germany" sind gefragt. Und die Bauern wollen eher noch heftiger wirtschaften, um die Produktion zu steigern. Sie wehren sich daher dagegen, was die EU-Kommission vorhat, Zahlungen aus dem Brüsseler Agrartopf für weitere Auflagen für den Umwelt- und Tierschutz herzunehmen.	intensiver/effektiver gegen die Pläne/Vorhaben der EU-Kommission zu verwenden/zu nutzen

Quelle: http://www.welt.de/wirtschaft/article112849643/Zwischen-gruenem-Gewissen-und-schwarzen-Zahlen.html [17.01.2013]

je 1 Punkt, insgesamt 10 Punkte — 10 P.

Texte sprachlich zu überarbeiten und sie dadurch zu optimieren, das ist eine Aufgabe, die uns im Alltag regelmäßig begegnet. Gefragt ist konzentriertes, genaues, möglicherweise wiederholtes Lesen. Dieses kann immer wieder an selbst formulierten Texten trainiert werden.
In dieser Aufgabe sind die Textstellen, die korrigiert werden sollen, bereits gekennzeichnet. Es geht darum, bessere und grammatikalisch bzw. stilistisch korrekte Formulierungen zu finden.

6 Biogasanlagen in der Landwirtschaft

▶ Im Rahmen einer Fernsehreportage wurden die nachfolgenden Statements zum Thema „Biogasanlagen in der Landwirtschaft" abgegeben. Sie sollen diese für eine Fachzeitschrift in der indirekten Rede wiedergeben. Setzen Sie dazu die Verbformen und die Pronomen im Lösungsbogen in der grammatisch korrekten Form in die Lücken ein. (Hinweis: Eine Umschreibung mit „würde" ist nicht zulässig.)

Wörtlich sagte ein niedersächsischer Landwirt:

„Statt in Viehhaltung will ich künftig in Biogas investieren. Unter den Aspekten des Klimaschutzes und der effizienten Energienutzung erhält Biogas einen wachsenden Stellenwert. Der Bau einer Biogasanlage und die damit verbundene Umstrukturierung meines Betriebes bedeuten für mich zwar einen hohen logistischen Aufwand, aber die positiven Argumente überzeugen."

Eine Anwohnerin äußerte sich über den geplanten Bau einer Biogasanlage in ihrer Nachbarschaft folgendermaßen:

„Wir fürchten, dass sich zunächst das Verkehrsaufkommen erhöhen wird. Zudem besteht die Gefahr einer Geruchsbelästigung. Womöglich leidet sogar die Qualität des Grundwassers unter solch einer Anlage."

6 Biogasanlagen in der Landwirtschaft

Indirekte Rede:

Der Landwirt sagte, dass __**er**__ künftig in Biogasanlagen investieren __**wolle**__.

Unter den Aspekten des Klimaschutzes und der effizienten Energienutzung __**erhalte**__ Biogas einen wachsenden Stellenwert. Der Bau einer Biogasanlage und die damit verbundene Umstrukturierung __**seines**__ Betriebes __**bedeuteten**__ für __**ihn**__ zwar einen hohen logistischen Aufwand, aber die positiven Argumente __**überzeugten**__.

Die Anwohnerin äußerte die Befürchtung, dass sich zunächst das Verkehrsaufkommen erhöhen __**werde**__. Zudem __**bestehe**__ die Gefahr einer Geruchsbelästigung. Womöglich __**leide**__ sogar die Qualität des Grundwassers unter solch einer Anlage.

je 1 Punkt, insgesamt 10 Punkte — 10 P.

Da in dem Artikel die Statements nicht wörtlich wiedergegeben werden sollen und deshalb keine wörtliche (= direkte) Rede verwendet werden darf, müssen die Aussagen in die indirekte Rede umformuliert werden. Dabei ist zu beachten, dass sich die Verbform vom Indikativ (Wirklichkeitsform) zum Konjunktiv (Möglichkeitsform) verändert. Diese darf nicht mit „würde" umschrieben werden, obwohl dies möglich wäre. Die Zeitstufe muss gleich bleiben. Wenn der Konjunktiv I nicht vom Indikativ zu unterscheiden ist, wird der Konjunktiv II verwendet (dies ist oft bei Verben in der 1. oder der 3. Person Plural der Fall). Auch die Pronomen der 1. und 2. Person (ich/mein…, du/dein…, wir/unser…, ihr/euer…) müssen entsprechend angepasst werden.

Zu den Formulierungen in den Lücken:
- *er > Änderung des Pronomens von der 1. zur 3. Person*
- *wolle > Konjunktiv I*
- *erhalte > Konjunktiv I*
- *seines > Änderung des Pronomens von der 1. zur 3. Person*
- *bedeuteten > Konjunktiv II; der Konjunktiv I lautet wie der Indikativ „bedeuten"*
- *ihn > Änderung des Pronomens von der 1. zur 3. Person*
- *überzeugten > Konjunktiv II; der Konjunktiv I lautet wie der Indikativ „überzeugen"*
- *werde > Konjunktiv I*
- *bestehe > Konjunktiv I*
- *leide > Konjunktiv I*

7 Texte verbessern

▶ a) Ergänzen Sie in dem im Lösungsbogen abgedruckten Text die fehlenden notwendigen Kommas.

7 Texte verbessern

a) Ergänzen Sie die fehlenden Kommas:

Die Ausbildung zur Landwirtin/zum Landwirt

Bei der Ausbildung zur Landwirtin oder zum Landwirt handelt es sich um eine duale Berufsausbildung, die im Betrieb sowie in der Berufsschule stattfindet.

Die Auszubildenden bearbeiten beispielsweise Böden, wählen Saatgut aus und pflegen Pflanzen. Bei ihren Tätigkeiten benutzen sie meist landwirtschaftliche Nutzfahrzeuge und Anlagen, die sie nicht nur bedienen und überwachen, sondern auch warten. Um die Nutztiere kümmern sich die Lehrlinge, indem sie diese füttern und pflegen. Wenn man zum Landwirt oder zur Landwirtin ausgebildet wird, gehören auch Buchhaltungsarbeiten zu den wesentlichen Aufgaben. Oft sind die Auszubildenden jedoch auf Feldern beschäftigt, wo sie zum Beispiel mähen, pflügen oder ernten.

Wie geeignet man für diese Ausbildung ist, hängt unter anderem von dem vorhandenen Verantwortungsbewusstsein ab. Zudem ist ein Interesse für naturwissenschaftliche Fächer wichtig, vor allem für Biologie und Chemie. Man sollte sehr sorgfältig arbeiten können, denn Hygiene und Vorschriften bezüglich Gesundheit und Umweltschutz spielen eine wichtige Rolle.

Beispiele für Punkteberechnung:			
Beispiel 1		**Beispiel 2**	
Kommas gesetzt	11	Kommas gesetzt	13
zutreffend	8	zutreffend	11
Punktabzug	0	Punktabzug	2
Endpunkte	8	Endpunkte	9

je 1 Punkt, insgesamt 11 Punkte
Bei mehr als 11 Kommas:
1 Punkt Abzug pro überzähligem Komma
(niedrigster Endpunktwert 0)

11 P.

---

a) *Hier hilft es, jeden Satz in Ruhe einzeln zu betrachten, seinen Sinn zu erfassen und seinen Aufbau zu untersuchen (z. B. Satzgefüge/Satzreihe, verkürzter Nebensatz, Aufzählung, Einschub (Apposition)). Auch mögliche Atempausen, die man beim Vorlesen machen würde, können das Setzen von Kommas markieren. Vorsicht: Nicht mehr als die vorgegebene Anzahl der gesuchten Kommas eintragen, da sonst Punktabzug droht, d. h. man erhält nicht einmal alle Punkte der richtig gesetzten Kommas.*

b) Formulieren Sie jeden der folgenden Sätze in ein Satzgefüge um. Ergänzen Sie dazu die Hauptsätze im Lösungsbogen durch einen korrekten, sinngleichen Nebensatz, den Sie aus dem unterstrichenen Teil des jeweiligen Satzes bilden.

1. <u>Wegen einer möglichen Verminderung der Wohnqualität</u> fürchten einige Anwohner den Bau von Biogasanlagen.
2. Eine erhöhte Produktivität können Landwirte <u>durch den Einsatz von Computern</u> erreichen.
3. Tierschützer setzen sich <u>für eine artgerechte Haltung des Viehs</u> ein.
4. <u>Bei mehrheitlichem Einverständnis der Anwohner</u> können Bauern ihre Flächen für Windräder nutzen.

b) Ergänzen Sie jeweils den vorgegebenen Hauptsatz:

1. Einige Anwohner fürchten den Bau von Biogasanlagen,
   weil/da sich dadurch die Wohnqualität möglicherweise vermindert (o. Ä.).

2. Eine erhöhte Produktivität können Landwirte erreichen,
   indem sie Computer einsetzen (o. Ä.).

3. Tierschützer setzen sich dafür ein,
   dass Vieh artgerecht gehalten wird (o. Ä.).

4. Bauern können ihre Flächen für Windräder nutzen,
   wenn/sofern/falls die Mehrheit der Anwohner einverstanden ist (o. Ä.).

je 1 Punkt, insgesamt 4 Punkte
Punktvergabe nur, wenn die Art des gebildeten Nebensatzes korrekt ist

4 P.

---

b) Aus den unterstrichenen Formulierungen muss ein Nebensatz gebildet werden. Dieser wird in der Regel durch eine Konjunktion (ein Bindewort) – je nach Sinnzusammenhang z. B. weil, obwohl, dass, nachdem – oder durch ein Relativpronomen (z. B. der/die/das bzw. welche/r) eingeleitet. Die gebeugte Form des Verbs steht am Ende des Nebensatzes. Die Zeitstufe wird nicht verändert. Bei den vorgegebenen fünf Sätzen bildet der Nebensatz immer den zweiten Teil des neu entstandenen Satzgefüges. Achtung: Es sind vollständige Nebensätze gefragt und keine verkürzten (z. B. mit „um zu")!

Erläuterung zu Satz 1:
Bereits von der Präposition/dem Verhältniswort „wegen" lässt sich ableiten, dass es um einen Begründungszusammenhang geht, dass eine möglicherweise schlechtere Wohnqualität also für einige Anwohner der Grund für die Furcht vor dem Bau von Biogasanlagen ist. D. h. der Nebensatz muss mit einer begründenden Konjunktion, z. B. „weil", „da", beginnen, und dann bleibt nur noch, ein passendes Verb zu finden und den Nebensatz zu formulieren.

c) Verbessern Sie in dem im Lösungsbogen abgedruckten Text die **zwanzig** Rechtschreib- bzw. Grammatikfehler. Streichen Sie die fehlerhaften Wörter durch und berichtigen Sie diese, indem Sie die Wörter (komplett!) in der korrekten Schreibweise gut lesbar darüber schreiben. Ein Beispiel ist vorgegeben.

c) **Vom ~~Dampfpflug~~ zum modernen Traktor mit GPS**
   Dampfpflug

Bis ins 19. ~~jahrhundert~~ war Feldarbeit Handarbeit. Nur Zugtiere halfen und bewegten schwere
Jahrhundert

~~Gerätschafften~~ über die Äcker. In der Zeit der Industrialisierung hielten auch in der Landwirtschaft
Gerätschaften

industrielle ~~Produktionsmetoden einzug~~. Maschinen für das ~~mähen~~ und ~~dräschen~~ wurden entwickelt.
Produktionsmethoden Einzug — *Mähen* — *Dreschen*

Was mit der Sense an einem Tag gemäht werden konnte, schafften einfache Mähmaschinen in einer
~~Halben~~ Stunde.
halben

Um 1860 entwickelte der Engländer John Fowler (1826–1864) den ersten ~~efizienten~~ Dampfpflug.
effizienten

Das ~~Syßtem~~, ~~dass~~ die Landwirtschaft ~~revoluzionieren~~ ~~würden~~, konnte in einer Stunde so viel
System das revolutionieren würde

leisten wie ein Pferdegespann an einem Tag. Nur ~~Grossbauern~~ konnten es finanzieren, auch wenn
Großbauern

sich ~~Jeder~~ nach einer solchen Arbeitserleichterung sehnte. Bis heute kam die Verbesserung der
jeder

~~Landwirtschaftlichen~~ Maschinen nicht zum ~~Stillstant~~. So leistet ein ~~zeitgenößischer~~ Traktor mit 200 PS
landwirtschaftlichen Stillstand zeitgenössischer

das bis zu ~~fünf Fache~~ seines Vorgängers aus den 50er Jahren. Die modernsten Zugmaschinen
Fünffache

sind heute mit ~~Satelitennavigation~~ ausgestattet und finden sich auf den Feldern praktisch alleine
Satellitennavigation

~~zu Recht~~.
zurecht

Quelle: http://www.planet-wissen.de/alltag_gesundheit/landwirtschaft/anbaumethoden/index.jsp [19.01.2013]

je 1 Punkt, insgesamt 20 Punkte
keine Punktvergabe, wenn nicht das ganze Wort korrekt darüber geschrieben wurde
Bei mehr als 20 Änderungen: 1 Punkt Abzug pro überzähliger Änderung (niedrigster Endpunktwert 0)

20 P.

---

c) *Hier soll wieder ein Text optimiert werden, und zwar durch die Korrektur von Rechtschreib- und Grammatikfehlern. An der Punktezahl kann abgelesen werden, wie viele Fehler gefunden werden müssen. Ein Tipp: Zuerst die sicher erkannten falschen Stellen korrigieren und dann erst die Zweifelsfälle angehen. Zu viele „Korrekturen" führen zu Punktabzug, ebenso das Korrigieren einzelner Buchstaben (und nicht des ganzen Wortes). Zudem sollte auf eindeutige und leserliche Schreibweise (insbesondere groß – klein) geachtet werden, da hier sonst der Punkt nicht gegeben werden kann.*

*Die **Rechtschreibfehler** in einem Text können unterschiedlicher Natur sein: Tippfehler, wie z. B. das Vertauschen, Auslassen oder Verdoppeln einzelner Buchstaben, oder Fehler, die auf mangelnde Kenntnisse der Regeln der deutschen Rechtschreibung zurückzuführen sind, wie z. B. im Bereich der Groß- und Kleinschreibung, der Zusammen- und Getrenntschreibung, der Schreibung (und Herleitung) von Fremdwörtern, der Unterscheidung der „S"- und anderer Laute (d – t, ä – e, i – ie – ieh, f – v, usw.). Gefragt sind nur nach der „neuen" deutschen Rechtschreibung eindeutige Fälle.*

***Grammatikfehler** treten beispielsweise bei der falschen Verwendung der Fälle oder von Einzahl/Mehrzahl auf (z. B. im 2. Satz des 2. Absatzes ist „würden" falsch, da das Subjekt „Das System" in der Einzahl steht – also muss das Prädikat auch in der Einzahl („würde") stehen).*

8 Bauern und Öko-Bauern

Die folgende Grafik informiert über konventionell und ökologisch wirtschaftende Betriebe in Deutschland.

▶ Kreuzen Sie im Lösungsbogen die Kennbuchstaben der zutreffenden Aussagen an.

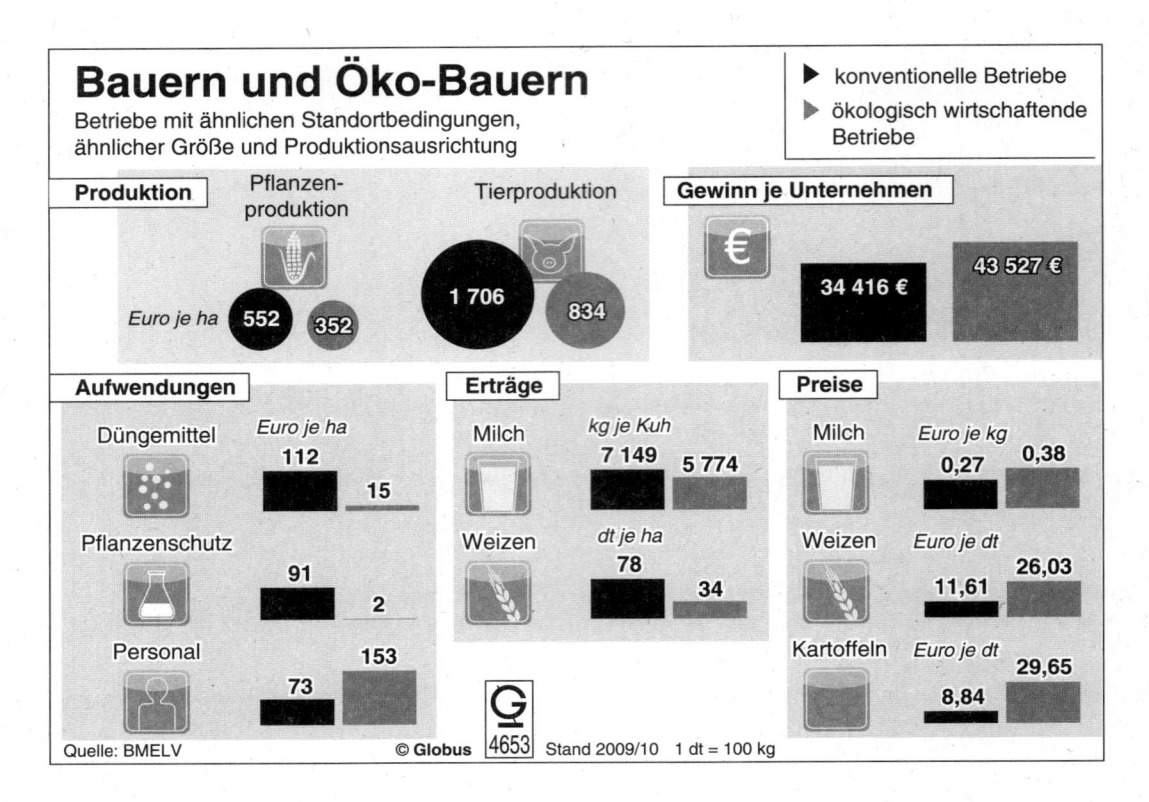

Bauern und Öko-Bauern
Betriebe mit ähnlichen Standortbedingungen, ähnlicher Größe und Produktionsausrichtung

▶ konventionelle Betriebe
▶ ökologisch wirtschaftende Betriebe

Produktion
Pflanzenproduktion — Euro je ha: 552 / 352
Tierproduktion: 1 706 / 834

Gewinn je Unternehmen
34 416 € / 43 527 €

Aufwendungen (Euro je ha)
- Düngemittel: 112 / 15
- Pflanzenschutz: 91 / 2
- Personal: 73 / 153

Erträge
- Milch (kg je Kuh): 7 149 / 5 774
- Weizen (dt je ha): 78 / 34

Preise
- Milch (Euro je kg): 0,27 / 0,38
- Weizen (Euro je dt): 11,61 / 26,03
- Kartoffeln (Euro je dt): 8,84 / 29,65

Quelle: BMELV © Globus 4653 Stand 2009/10 1 dt = 100 kg

1
a) Konventionelle Betriebe erwirtschaften weniger Gewinn als Öko-Betriebe.
b) Konventionelle Betriebe erwirtschaften größere Erträge als Öko-Betriebe.
c) Ökologisch wirtschaftende und konventionelle Betriebe erwirtschaften derzeit Verluste.

2
a) Für Öko-Milch wird derzeit ein doppelt so hoher Preis erzielt wie für konventionell erzeugte Milch.
b) Bei Öko-Kartoffeln gibt es im Vergleich zu konventionell erzeugten Kartoffeln prozentual den größten Preisunterschied der drei angegebenen Produkte.
c) Öko-Weizen kostet 11,61 € je 100 kg.

3
a) Öko-Betriebe geben für Düngemittel je Hektar weniger als 10 % des Euro-Betrags aus, den konventionelle Betriebe dafür aufwenden.
b) Ökologisch bewirtschaftete Flächen werden nicht mit Pflanzenschutzmitteln behandelt.
c) Öko-Betrieben entstehen – auf die bewirtschaftete Fläche umgerechnet – mehr als doppelt so viele Personalausgaben wie konventionellen Betrieben.

4
a) Öko-Kühe erwirtschaften ca. 5,8 t Milch je Kuh.
b) Öko-Kühe erwirtschaften deutlich mehr Milch als die Kühe aus konventionellen Betrieben.
c) Pro Hektar konnten 34 kg Öko-Weizen erwirtschaftet werden.

8 Bauern und Öko-Bauern

Kreuzen Sie die Kennbuchstaben der zutreffenden Aussagen an:

1	2	3	4
a) **X**	a) ☐	a) ☐	a) **X**
b) **X**	b) **X**	b) ☐	b) ☐
c) ☐	c) ☐	c) **X**	c) ☐

je 2 Punkte, insgesamt 10 Punkte
Bei mehr als 5 Kreuzen: 2 Punkte Abzug pro zusätzlichem Kreuz (niedrigster Endpunktwert 0)

10 P.°

Zu Aufgabe 8:
Bei dieser Infografik sollten Sie zunächst alle Angaben genau lesen und auswerten, bevor Sie entscheiden, welche der drei Aussagen je Aufgabennummer zutreffend sind.
In der Infografik werden fünf Teilbereiche dargestellt: Der Bereich „Produktion" wird mit Kreisdiagrammen veranschaulicht, die vier weiteren Bereiche mit Säulendiagrammen. Der/die jeweils dunkler abgebildete Kreis bzw. Säule bezieht sich auf konventionelle Betriebe, der/die hellere auf ökologisch wirtschaftende, also Öko-Betriebe. Dabei ist zu beachten, dass die Informationen in unterschiedlichen Einheiten (€, € je ha, kg je Kuh bzw. € je kg) angegeben sind; dies können Sie nur anhand der klein gedruckten Angaben in den fünf Kästen erkennen. Nun kann die Infografik mithilfe der Aussagen weiter „entschlüsselt" werden.
Für die erfolgreiche Bearbeitung der Aufgabenstellung sollten Sie nun zum einen falsche Aussagen aufspüren und durchstreichen, zum anderen richtige Aussagen abhaken.
1 Um hier die richtige Aussage zu finden, muss man den Unterschied zwischen Ertrag, Gewinn und Verlust kennen. Erträge sind die Nettoeinnahmen der Betriebe; wenn man von diesen die Kosten bzw. Aufwendungen abzieht, erfährt man, ob ein Gewinn oder eben ein Verlust erzielt wurde. Informationen hierzu finden Sie zunächst im Kasten rechts oben: Da Öko-Betriebe höhere Gewinne als konventionelle Betriebe erwirtschaften, sind die Aussagen a und c falsch. Wenn Sie nun den mittleren Kasten unten einbeziehen, erkennen Sie, dass die Erträge der konventionellen Betriebe größer sind, also ist Aussage b richtig.
2 Bei diesen Aussagen muss man die Informationen aus dem Kasten rechts unten einbeziehen, denn hier geht es um Produkte und deren Preise. Aussage a ist falsch, weil ein doppelt so hoher Preis 0,54 € wäre; Öko-Milch kostet aber 0,38 € je kg. Für Aussage b müssen Sie die Preise aller drei Produkte vergleichen und den prozentual höheren Preisunterschied zumindest abschätzen (eine Berechnung ist nicht nötig). Dann finden Sie schnell heraus, dass Milch etwa 50 % mehr kostet, Weizen etwa 120 % mehr, Kartoffeln mehr als 300 % mehr. Also ist Aussage b richtig. Zudem ist die Preisangabe beim Weizen in Aussage c zwar in der Grafik angegeben – aber eben für konventionell erzeugten Weizen; 1 dt entspricht 100 kg, das ist also richtig angegeben.
3 Die erforderlichen Informationen für diese Aussage finden Sie im Kasten links unten. Aussage a ist falsch, da „weniger als 10 %" weniger als ca. 11,20 € je ha wären; es sind aber 15 €. Aussage b ist ebenfalls falsch, weil 2 € je ha für Pflanzenschutzmittel ausgegeben werden. Dafür sind die Personalkosten mit 153 € je ha mehr als doppelt so hoch wie in konventionellen Betrieben, also ist c richtig.
4 Um diese Aussagen beurteilen zu können, muss man die angegebenen Maßeinheiten beachten und ggf. umrechnen. In Aussage a geht es um 5,8 t – im mittleren Kasten unten sind 5.774 kg je Kuh angegeben, das sind ca. 5,8 t, also ist die Aussage richtig. Aber überprüfen Sie lieber noch die beiden anderen Aussagen: b ist falsch, weil Öko-Kühe eben weniger Milch produzieren, c ist falsch, weil 34 kg genannt werden, in der Grafik aber 34 dt angegeben sind.

9 Ökologische Landwirtschaft

Zum Thema **„Vorteile der ökologischen Landwirtschaft"** liegen Ihnen eine Stoffsammlung mit sechs Stichpunkten und eine Auflistung von acht möglichen Oberbegriffen vor.

▶ Alle Stichpunkte der Stoffsammlung sollen mithilfe von drei Oberbegriffen gegliedert werden. Tragen Sie die Kennbuchstaben der drei passenden Oberbegriffe in die Tabelle im Lösungsbogen ein und ordnen Sie diesen die Nummern der zugehörigen Stichpunkte aus der Stoffsammlung zu. (Hinweis: Kein Stichpunkt darf zweimal zugeordnet werden.)

Stoffsammlung:

1. Schutz der Artenvielfalt
2. Sicherung von Arbeitsplätzen in der Landwirtschaft
3. Erhaltung der natürlichen Nährstoffe in den Lebensmitteln
4. Vorteile bei der Direktvermarktung durch Bio-Siegel
5. Schonender Umgang mit den natürlichen Ressourcen
6. Geringer Medikamenteneinsatz in der Tierhaltung

Oberbegriffe:

A. Kulturelle Aspekte
B. Geschichtliche Aspekte
C. Ökonomische Aspekte
D. Umwelt- und Nachhaltigkeitsaspekte
E. Religiöse Aspekte
F. Aspekte der Forschung und des Fortschritts
G. Gesundheitliche Aspekte
H. Psychologische Aspekte

10 Konventionelle Landwirtschaft

Sie vertreten in einem Wirtschaftsmagazin landwirtschaftliche Interessen und sprechen sich für die konventionelle Landwirtschaft aus. Sie argumentieren mit den Preisvorteilen für den Verbraucher.

▶ Formulieren Sie hierzu **eine Behauptung,** begründen Sie diese ausführlich und belegen Sie diese mit **einem** überzeugenden Beispiel. Sie können die Grafik „Bauern und Öko-Bauern" (Aufgabe 8) zu Hilfe nehmen.

Achten Sie auf eine fehlerfreie Sprache und eine abwechslungsreiche Wortwahl.

9 Ökologische Landwirtschaft

Tragen Sie die Kennbuchstaben der Oberbegriffe und die Nummern der zugehörigen Stichpunkte ein:

Oberbegriffe	Stichpunkte
C	2, 4
D	1, 5
G	3, 6

3 Punkte jeweils, wenn genau zwei passende Stichpunkte zu genau einem richtigen Oberbegriff zugeordnet wurden
Reihenfolge beliebig, insgesamt 9 Punkte

9 P.

Laut Aufgabenstellung erfüllen drei der acht vorgegebenen Oberbegriffe offenbar die Vorgabe, dass ihnen die Stichpunkte der Stoffsammlung so zugeordnet werden können, dass kein Stichpunkt übrig bleibt und keiner doppelt verwendet wird (Achtung: sonst Punktabzug). Da sechs Stichpunkte zur Auswahl stehen, bedeutet dies, dass je zwei von ihnen zu einem gemeinsamen Oberbegriff gehören.

Zur Lösung der Aufgabe bieten sich zwei Wege an: Entweder Sie gehen von den Stichpunkten aus, sortieren die zusammengehörigen paarweise und ordnen dann den jeweils passenden Oberbegriff zu oder Sie probieren für jeden der aufgelisteten Oberbegriffe aus, ob Sie zwei unterzuordnende Stichpunkte finden.

---

10 Konventionelle Landwirtschaft

Inhalt:

Das Argument muss
- sich auf die vorgegebene Situation beziehen,
- eine stichhaltige Begründung, veranschaulicht durch ein passendes Beispiel, liefern,
- logisch und folgerichtig sein.

Sprache:
- Satzbau weitgehend fehlerfrei
- Wortwahl abwechslungsreich
- Sprachniveau angemessen/situationsgerecht

Bei einer **Themaverfehlung** ist die Aufgabe mit **0 Punkten** zu bewerten. In diesem Fall keine Punktvergabe auf Sprache/Rechtschreibung.

Inhalt: maximal 6 Punkte (Behauptung: 2 Punkte, Begründung und Beispiel: 4 Punkte)
Sprache und Rechtschreibung: maximal 2 Punkte
insgesamt 8 Punkte

8 P.

Voraussetzung zum Lösen dieser Aufgabe sind Kenntnisse über den Aufbau eines Arguments. Dieses besteht immer aus einer Behauptung, einer dazu passenden Begründung und einem erläuternden Beispiel.
In dieser Aufgabe wird ein Argument (nicht mehrere) verlangt, das sich aus der beschriebenen Situation ableitet. Sie können Inhalte aus der angegebenen Grafik verwenden, jedoch auch eigene Gedanken zu Papier bringen.
Die Behauptung ergibt sich aus der Aufgabenstellung: Wichtig ist, dass Sie nicht irgendeinen Vorteil der konventionellen Landwirtschaft ansprechen, sondern die Preisvorteile für den Verbraucher in den Mittelpunkt stellen: Die Behauptung muss sich also auf diesen Aspekt beziehen.

11 Wirtschaftliche Chancen von Biogasanlagen

Immer mehr Landwirte steigen in die Biogasproduktion ein. In den Anlagen wird Biomasse (z. B. Gülle, Mais, Pflanzenreste) vergärt. Bei diesem Verfahren entsteht Biogas, das als Energiequelle eingesetzt werden kann.

Im folgenden Argument wird dargestellt, dass Biogasanlagen für Landwirte ökonomische Vorteile bieten. Leider bleiben die Autoren nicht bei der Sache. Welche der mit den Nummern 1 bis 8 gekennzeichneten Aussagen passen **inhaltlich nicht** zur Behauptung?

▶ Kreuzen Sie die entsprechenden Nummern im Lösungsbogen an.

Behauptung: Biogasanlagen bieten sinnvolle wirtschaftliche Chancen für Landwirte.

(1) Durch die Verwendung von Zwischenfrüchten und Pflanzenresten werden auch Pflanzenbestandteile genutzt, die bisher unbrauchbar waren. Nebenprodukte, Reststoffe und Bioabfälle können als kostenlose Energielieferanten in Biogasanlagen verwertet werden. **(2)** Biogasanlagen ermöglichen außerdem einen innerbetrieblichen Nährstoff- und Energiekreislauf. So kann durch die ackerbauliche Nutzung von Gärresten Kunstdünger eingespart werden. **(3)** Im Vergleich zur Rohgülle bieten diese Gärreste eine verbesserte Düngerqualität: Stickstoff, Phosphor und Kali bleiben bei der Biogasproduktion nahezu unberührt und konzentrieren sich sogar leicht auf. Dies wirkt sich wiederum positiv auf den ackerbaulichen Ertrag aus. **(4)** Des Weiteren ist der gewonnene Dünger auch wesentlich geruchsärmer als reine Gülle, da ein Großteil der geruchsintensiven Schwefelverbindungen während der Biogasbildung chemisch oder biologisch umgebaut wird. **(5)** Die Vergärung von Gülle verhindert zudem die sonst bei der Lagerung entstehenden Methanemissionen, welche die Umwelt belasten.
(6) Im Zuge der Energiewende ist die Nachfrage an erneuerbaren Energien wie Biogas sehr hoch. Als Kraftstoff sowie als Wärme- und Stromlieferant einsetzbar bietet Biogas vielseitig gefragte Nutzungsmöglichkeiten. So kann Biogas als Treibstoff für umgerüstete Kraftfahrzeuge genutzt werden. **(7)** Hinzu kommt, dass bei der Nutzung von Biogas kein zusätzliches, als klimaschädlich eingestuftes Kohlenstoffdioxid in die Umwelt abgegeben wird. Die ausgestoßene Menge an CO_2 entspricht derjenigen, die die Pflanzen vorher bei der Bildung der verwendeten Substrate benötigt haben. **(8)** Insgesamt stellen Biogasanlagen aus wirtschaftlicher Sicht eine sinnvolle Investition für Landwirte dar.

12 Bio-Produkte

Sie sollen eine Präsentation zu folgendem Thema vorbereiten:
Vorteile von Bio-Produkten im Hinblick auf die Verbrauchergesundheit

▶ Kreuzen Sie im Lösungsbogen an, welche der aufgeführten Notizen **inhaltlich** zum Thema Ihrer Präsentation passen.

Notizen für eine Präsentation

1. Bessere Aromaqualität im Vergleich zu konventionellen Produkten → naturtrübe Apfelsäfte aus Bio-Produktion als Testsieger
2. Obst und Gemüse aus biologischem Anbau weitgehend ohne Pestizidrückstände → deutlich geringere Schadstoffbelastung
3. Geschmacksverstärker, Farbstoffe, künstliche Aromen, chemisch veränderte Fette und Stärken bei Bioprodukten verboten → bessere Verträglichkeit
4. Viele Bio-Produkte werden fair gehandelt → laut Tests kommt Geld für Bio-Kaffee bei Arbeitern und Pflückern an
5. Steigende Verbrauchernachfrage → Marktchance für Landwirte
6. Anbau ohne nitrathaltigen Stickstoffdünger → geringere Gefahr, dass sich aus Nitratrückständen das gesundheitsgefährdende Nitrit im Körper bildet

11 Wirtschaftliche Chancen von Biogasanlagen

Kreuzen Sie an:

	(1)	(2)	(3)	(4)	(5)	(6)	(7)	(8)
nicht zur Behauptung passend				X	X		X	

je 2 Punkte, insgesamt 6 Punkte
Bei mehr als 3 Kreuzen: 2 Punkte Abzug pro zusätzlichem Kreuz (niedrigster Endpunktwert 0)

6 P.°

---

*Auch bei dieser Aufgabe ist die Kenntnis über den korrekten Aufbau eines Arguments und darüber, dass es in sich schlüssig sein muss, unerlässlich. Jeder der Sätze 1 bis 8 muss daraufhin untersucht werden, ob er inhaltlich zu der Behauptung passt, dass Biogasanlagen sinnvolle wirtschaftliche Chancen für Landwirte bieten. Die **nicht** passenden Sätze sollen herausgefunden werden. (Achtung: Die genannte Punktzahl ist nicht mit der Anzahl der Antworten identisch, deshalb nur ein Kreuz setzen, wenn Sie sich ganz sicher sind! Bei jedem zu viel gesetzten Kreuz gibt es Punktabzug.)*

Anmerkungen zu den nicht dazugehörigen Sätzen:
In Satz 4 geht es um die im Vergleich zur Gülle geringere Geruchsbelästigung, in Satz 5 wird weiter auf die Vergärung von Gülle eingegangen und Satz 7 befasst sich mit dem CO_2-Ausstoß – an keiner Stelle werden also wirtschaftliche Gesichtspunkte thematisiert.

12 Bio-Produkte

Kreuzen Sie an:

	1	2	3	4	5	6
zum Thema passend		X	X			X

je 2 Punkte, insgesamt 6 Punkte
Bei mehr als 3 Kreuzen: 2 Punkte Abzug pro zusätzlichem Kreuz (niedrigster Endpunktwert 0)

6 P.°

---

*Die aufgelisteten Notizen müssen daraufhin untersucht werden, ob sie in der geplanten Präsentation über die Vorteile von Bioprodukten unter dem Gesichtspunkt Verbrauchergesundheit Verwendung finden können, ob also inhaltlich ein Zusammenhang zur **Verbrauchergesundheit** hergestellt wird oder nicht. Die zum Thema passenden Notizen sollen herausgefunden werden. (Achtung: Die genannte Punktzahl ist nicht mit der Anzahl der Antworten identisch, deshalb nur ein Kreuz setzen, wenn Sie sich ganz sicher sind! Bei jedem zu viel gesetzten Kreuz gibt es Punktabzug.)*

Anmerkungen zu den nicht dazugehörigen Notizen:
In Notiz 1 wird der Geschmack der Bio-Produkte angesprochen, die Notizen 4 und 5 beschreiben wirtschaftliche Gesichtspunkte: Notiz 4 den fairen Handel, Notiz 5 die Chancen für Biobauern durch die steigende Nachfrage nach Bio-Produkten.

13 Bio ist nicht gleich Bio

Die folgende Infografik verdeutlicht die Unterschiede zwischen den „Siegeln" für landwirtschaftliche Produkte.

▶ Verbessern Sie in dem im Lösungsbogen abgedruckten erklärenden Text zur Grafik die **fünf** inhaltlichen Fehler (ein Fehler pro Satz). Streichen Sie die fehlerhaften Wörter durch und berichtigen Sie diese, indem Sie die richtigen Wörter (komplett!) jeweils an der betreffenden Stelle gut lesbar über den Text schreiben. Ein Beispiel ist vorgegeben.

Bio ist nicht gleich Bio

Staatliches Bio-Siegel — **EU-Ökosiegel**

Seit 1993 dürfen nur Produkte, die nach den Richtlinien **der EG-Öko-Verordnung** erzeugt, verarbeitet und kontrolliert werden, mit „**Bio**" oder „**Öko**" gekennzeichnet werden. Das **staatliche Bio-Siegel** und das **EU-Ökosiegel** garantieren die Einhaltung der EG-Öko-Verordnung. Die **ökologischen Anbauverbände** garantieren die Einhaltung **strengerer Richtlinien**:

Die wichtigsten Unterschiede bei der Erzeugung

Bio- und EU-Siegel	Verbands-Siegel
Teilumstellung der Bauernhöfe auf „Bio" erlaubt	**Umstellung** des gesamten **Betriebs** ist Pflicht
Konventionelles Futter anteilmäßig bis Ende 2011 erlaubt	Nur wenige eiweißreiche **konventionelle Futterzutaten** erlaubt
Je Hektar landwirtschaftlicher Fläche bis zu 14 **Mastschweine** oder 580 **Masthühner** oder 230 **Legehennen** erlaubt	Je Hektar bis zu 10 **Mastschweine** oder 280 **Masthühner** oder 140 **Legehennen** erlaubt
Einsatz **konventioneller Gülle und Geflügelmist** unter bestimmten Bedingungen erlaubt	Einsatz verboten
Maximale **Düngermenge**: 170 kg Stickstoff je Hektar und Jahr	Max. 112 kg Stickstoff je Hektar und Jahr
Für Pflanzenfresser müssen mind. 50 % des **Futters vom eigenen Betrieb** stammen	Für alle Tiere müssen mind. 50 % des **Futters vom eigenen Betrieb** stammen
Ganzjährige Fütterung mit **Silage** (konserviertes Grünfutter) ist möglich	Ganzjährige ausschließliche **Silagefütterung** ist verboten
Künftig mit einer allgemein gehaltenen **Herkunftsangabe** (EU-/Nicht-EU-Landwirtschaft)	Alle oder zumindest der Großteil der Zutaten kommt von Verbandsmitgliedern; diese sind meistens in **Deutschland** zu Hause

Bei der Verarbeitung

Produkt	Bio- und EU-Siegel	Verbands-Siegel
Fruchtsaft	Herstellung aus **Konzentrat** erlaubt	Nur reine **Press-Säfte**
Milch	**Ultrahocherhitzen** (H-Milch) und **Sterilisieren** (Kondensmilch) erlaubt	**Ultrahocherhitzen** bei Demeter verboten, **Sterilisieren** bei allen Verbänden verboten
Brot und Backwaren	**Enzyme** wie Amylase sowie **Ascorbinsäure** im Mehl erlaubt	Verboten
Fleisch und Wurst	**Nitritpökelsalz** erlaubt, geringere Menge als konventionell	Verboten bzw. nur in geringen Mengen zugelassen für Produkte, die nicht gebraten werden

Die neun ökologischen Anbauverbände: Biokreis, Bioland, demeter, Naturland, BIOPARK, ECOLAND, Gäa e.V., Verbund Ökohöfe, ECOVIN

Quelle: www.aid.de
© Globus

nach Globus Schaubild 3698

13 Bio ist nicht gleich Bio

In der Infografik werden u. a. ~~zehn~~ *neun* Verbandssiegel für ökologische Herstellung vorgestellt. Die Verbände verlangen, dass mindestens ~~ein Drittel~~ *die Hälfte* des Futters aus dem eigenen Betrieb stammen muss und dass durch Gärung konserviertes Grünfutter nicht ganzjährig gefüttert werden darf. Dagegen ist die Verwendung des staatlichen Bio-Siegels bzw. des EU-Ökosiegels seit ~~2011~~ *1993* nur für Produkte erlaubt, die die Richtlinien der EG-Öko-Verordnung einhalten. Diese sind ~~strenger~~ *weniger streng/milder* als die der ökologischen Anbauverbände. So dürfen z. B. auf einem Hektar landwirtschaftlicher Nutzfläche bis zu 580 Masthühner gehalten werden, also mehr als ~~halb~~ *doppelt* so viele wie nach den Richtlinien der Verbände. Bei der Verarbeitung der Produkte erlauben Bio- und EU-Siegel die Herstellung von Säften ~~nur aus frischen Früchten~~ *aus Konzentraten*.

je 2 Punkte, insgesamt 10 Punkte
keine Punktvergabe jeweils, wenn Wörter unvollständig oder fehlerhaft darüber geschrieben wurden
Bei mehr als 5 Änderungen: 2 Punkte Abzug pro überzähliger Änderung (niedrigster Endpunktwert 0)

10 P.°

---

*Bei dieser Infografik müssen zunächst alle Angaben und Abbildungen sowie der dazugehörige erklärende Text auf dem Lösungsbogen genau gelesen und ausgewertet werden, bevor man entscheiden kann, welche **fünf** Wörter oder Zahlenangaben im Text auf dem Lösungsbogen falsch sind und wie sie ausgebessert werden können. Nehmen Sie sich Zeit bei der sorgfältigen Analyse des Materials.*

Die Infografik unterscheidet zwischen Bio-/EU-Siegeln und Verbands-Siegeln; dies ist sowohl im mittleren wie auch im unteren Bereich der Infokästen der Fall. Nachdem Sie die Informationen mehrmals konzentriert gelesen haben, sollten Sie im erklärenden Text im Lösungsbogen nach Signalwörtern suchen. Auf geht's zur genauen Überprüfung dieses Textes! In der Angabe wird ja schon verraten, dass es gilt, genau fünf inhaltliche „Fehler" in den sechs Sätzen zu suchen. Für die erfolgreiche Bearbeitung der Aufgabenstellung müssen diese Fehler nun zum einen aufgespürt und durchgestrichen werden, zum anderen müssen die richtigen Wörter bzw. Zahlenwerte auf dem Lösungsbogen darüber geschrieben werden. Im ersten Satz ist als Beispiel schon ein Fehler ausgebessert worden: es sind neun, nicht zehn Verbandssiegel abgebildet.

*Im **zweiten** Satz auf dem Lösungsbogen geht es zunächst um die erforderliche Menge des Futters aus dem eigenen Betrieb: Im mittleren, rechten Infokasten steht hierzu, dass „mind. 50 % des Futters vom eigenen Betrieb stammen" muss. Also muss im Lösungsbogen statt „ein Drittel" eben „50 %" oder „die Hälfte" stehen. Dann geht es noch um das Füttern mit Silage – dieser Teilsatz stimmt (siehe mittlerer, rechter Infokasten).*

*Im **dritten** Satz geht es um das Jahr, seit dem die Verwendung der staatlichen Siegel erlaubt ist, und darum, dass die EG-Öko-Verordnung eingehalten werden muss. Informationen hierzu finden Sie im Einleitungstext der Infografik. So werden Sie schnell feststellen, dass hier nur die Jahreszahl 2011 falsch ist und durch 1993 ersetzt werden muss.*

*Die Lösung für **Satz vier** ist ebenfalls im Einleitungstext zu finden: Dort steht im letzten Satz, dass die ökologischen Verbände strengere Richtlinien (als die EG-Öko-Verordnung) garantieren. Also muss im Lösungsbogen „strenger" ersetzt werden durch „weniger streng" bzw. „milder", damit der Inhalt des Satzes stimmt.*

*Im **fünften** Satz geht es um die Anzahl der Masthühner, die gehalten werden dürfen. Die notwendigen Angaben für eine Überprüfung finden Sie in den beiden mittleren Kästen beim Stichwort „Masthühner". Das Bio- und EU-Siegel erlaubt bis zu 580, die Verbands-Siegel nur bis zu 280 Masthühner je ha. Also muss das Wort „halb" gegen „doppelt" ausgetauscht werden.*

14 Orientierung auf der Erde

a) Sie haben vor, von Deutschland aus nach Brasilien zu reisen. Aktuell ist Ihre Armbanduhr auf mitteleuropäische Sommerzeit eingestellt. Wie müssen Sie vorgehen, damit Sie die in Brasilien geltende Uhrzeit von Ihrer Armbanduhr ablesen können?

▶ Kreuzen Sie im Lösungsbogen das Zutreffende an.

b) Wann sind auf der Nordhalbkugel Tag und Nacht gleich lang?

▶ Kreuzen Sie im Lösungsbogen die zutreffenden Aussagen an.

Im letzten Satz müssen Sie nach Informationen über die Herstellung von Säften suchen. Sie finden sie in den beiden unteren Kästen. Säfte dürfen bei den Verbands-Siegeln nur aus frischen Früchten gepresst werden – bei dem Bio- und EU-Siegel dagegen auch aus Konzentrat. Also ist das Satzende „nur aus frischen Früchten" falsch und muss durch „aus Konzentraten" ersetzt werden. Alternativ könnte auch anstelle von „Bio- und EU-Siegel" „Verbands-Siegel" eingesetzt werden und „nur aus frischen Früchten" stehen bleiben.

14 Orientierung auf der Erde

a) Kreuzen Sie an:

X	Die Uhrzeit muss entsprechend der Zeitverschiebung zurückgestellt werden.
	Die Uhrzeit muss nicht verändert werden.
	Die Uhrzeit muss entsprechend der Zeitverschiebung vorgestellt werden.

1 Punkt
kein Punkt bei mehr als einem Kreuz

1 P.

b) Kreuzen Sie an:

X	am Frühlingsanfang im März
	am Sommeranfang im Juni
X	am Herbstanfang im September
	am Winteranfang im Dezember
	nie

je 1 Punkt, insgesamt 2 Punkte
Bei mehr als zwei Antworten: 1 Punkt Abzug pro zusätzlichem Kreuz (niedrigster Endpunktwert 0)

2 P.

a) Diese Frage prüft Allgemeinwissen bzw. geografisches Grundwissen. Um z. B. bei einem Langstreckenflug ausrechnen zu können, wie lange man in der Luft sein wird, ist es notwendig, über das Vorhandensein von Zeitzonen und deren Auswirkungen Bescheid zu wissen. Ursprünglich hatte jeder Ort auf der Erde seine „eigene Zeit". Hatte die Sonne ihren höchsten Punkt über dem Horizont erreicht, war es dort jeweils 12 Uhr mittags. Früher richtete man sich, wenn man auf Reisen ging, nach dieser lokalen Zeit. Mit der Erschließung von Regionen durch das Eisenbahnnetz und später mit dem Flugverkehr wurde es notwendig, verschiedene Ortszeiten zu koordinieren. So wurde 1883 die Erde in 24 Zeitzonen eingeteilt. Heute gilt die sogenannte Koordinierte Weltzeit (UTC), die sich nach dem Null-Längengrad ausrichtet, der durch Greenwich/London verläuft. Die in Deutschland geltende Mitteleuropäische Zeit (MEZ) entspricht der UTC+1 Stunde. Lokale Uhrzeiten in anderen Zeitzonen ergeben sich durch Hinzufügen oder Abziehen einer bestimmten Anzahl von Stunden, je nach ihrem (mittleren) Abstand vom nullten Längengrad. Im Sommer gilt bei uns zudem die Mitteleuropäische Sommerzeit (MESZ), sie entspricht der UTC+2 Stunden, auch das muss bei der Berechnung mit bedacht werden. Fliegt man nun in Richtung Westen (Brasilien), muss man die Uhr zurückstellen, bei einem Flug in Richtung Osten stellt man sie – entsprechend der Zeitverschiebung – vor.

b) Um die Aufgabe lösen zu können, sollte Grundwissen aus dem Geografieunterricht abrufbar sein: Die Jahreszeiten unterteilen das Jahr in meteorologisch voneinander abgrenzbare Abschnitte. Die Ursache für die Entstehung der Jahreszeiten liegt darin begründet, dass die Stellung der Erdachse – und damit die Äquatorebene – um 23,5° gegen die Erdbahnebene (Ekliptik) geneigt ist. Diese Schrägstellung behält die Erde bei ihrer Bahn um die Sonne immer bei, dadurch verändern sich aber der Winkel, mit dem die Sonnenstrahlen auf der Erdoberfläche auftreffen, sowie die Tag- und Nachtlängen. Je steiler der Einfallswinkel, desto mehr „Sonnenstrahlen" treffen gebündelt auf eine kleinere Fläche.

15 Klima, Vegetation und Landwirtschaft

▶ a) Ordnen Sie die Begriffe aus der Vegetationsgeografie einander richtig zu, indem Sie auf dem Lösungsbogen die passenden Kennbuchstaben eintragen.

Taiga
Laub-/Mischwaldzone
Hartlaubzone
Savanne
Regenwald
Tundra
Wüste

A Lärche, Kiefer, Fichte
B Teakbäume, Lianen
C Zitrusfrüchte, Oliven
D Moose, Flechten, Zwergsträucher
E Galeriewälder
F Buche, Eiche, Ahorn
G Dattelpalme

▶ b) Kreuzen Sie im Lösungsbogen die Kennbuchstaben der zutreffenden Aussagen an.

Große Wassermassen können das Klima und damit die Bedingungen für die Landwirtschaft auf der Erde beeinflussen, …

A weil sie Wärme speichern und wieder abgeben können.
B weil es grundsätzlich über Gewässern weniger regnet.
C weil sich über der Wasseroberfläche weniger Wolken bilden.
D weil sie in kalten Wintern zufrieren können.
E weil sehr viel Verdunstungswärme entsteht.
F weil sie z. B. als Meeresströmungen Wärme oder Kälte in entferntere Regionen transportieren.

▶ c) Welches Wort der Auswahlliste passt zu den folgenden drei Wörtern? Kreuzen Sie im Lösungsbogen den entsprechenden Kennbuchstaben an.

Nadelwaldstufe – Schneegrenze – Waldgrenze

Auswahlliste:

A Mittelmeerklima
B Gletscher
C Landesgrenze
D Cirruswolken

Die unterschiedliche Sonneneinstrahlung sowie die sich daraus ergebenden unterschiedlichen Tag- und Nachtlängen bedingen die meteorologischen Unterschiede der vier Jahreszeiten. Der Frühling beginnt auf der Nordhalbkugel am 21. März: Tag und Nacht sind dann überall auf der Erde gleich lang. Am 21. Juni feiern wir die Sommersonnenwende – den längsten Tag und die kürzeste Nacht im Jahr. Der Herbst beginnt auf der Nordhalbkugel am 23. September – Tag und Nacht haben dann wieder die gleiche Länge. Am 21. Dezember beginnt der Winter auf der Nordhalbkugel. Die Wintersonnenwende ist durch den kürzesten Tag und die längste Nacht gekennzeichnet.

15 Klima, Vegetation und Landwirtschaft

a) Tragen Sie die Kennbuchstaben der zugehörigen Begriffe ein:

Taiga	**A**	Regenwald	**B**
Laub-/Mischwaldzone	**F**	Tundra	**D**
Hartlaubzone	**C**	Wüste	**G**
Savanne	**E**		

je 1 Punkt, insgesamt 7 Punkte — 7 P.

b) Kreuzen Sie an:

	A	B	C	D	E	F
zutreffend	**X**					**X**

je 1 Punkte, insgesamt 2 Punkte — 2 P.
Bei mehr als zwei Kreuzen: 1 Punkt Abzug pro zusätzlichem Kreuz (niedrigster Endpunktwert 0)

c) Kreuzen Sie an:

	A	B	C	D
passend		**X**		

2 Punkte — 2 P.°
kein Punkt bei mehr als einem Kreuz

---

a) Aus dem Geografieunterricht sollte bekannt sein, dass parallel zu den Breitenkreisen Vegetationsgürtel verlaufen mit einer jeweils ähnlichen Pflanzenwelt. Diesen Vegetationszonen auf der Erde sollen die vorgegebenen Bäume, Pflanzen und Früchte zugeordnet werden. Zur Lösung von Aufgaben dieser Art sind Allgemeinwissen nötig sowie die Wiederholung von Unterrichtsstoff. Dies trifft auch auf die Aufgabe 15 b) zu.
b) Wird die Aufgabe im Ausschlussverfahren gelöst, müssten – mit etwas geografischem Grundverständnis – B, C und D schnell als nicht zutreffend erkannt werden, Buchstabe A dagegen als richtig: Die Temperatur großer Wassermassen ändert sich langsamer als die von Landmassen. So werden Küstenregionen im Sommer gekühlt und im Winter erwärmt. Dort bestehen – im Vergleich zum Kontinentalen Klima – wesentlich geringere Temperaturunterschiede zwischen Tag und Nacht und zwischen Sommer und Winter. Die vorgegebene Aussage E trifft nicht zu, weil bei der Verdunstung keine Wärme entsteht, sondern dem Wasser Wärme entzogen wird. Aussage F stimmt: Als Beispiel dient der bekannte Golfstrom, eine warme Meeresströmung aus den Tropen, die das Klima in Nordeuropa wesentlich beeinflusst.
c) Da mit zunehmender Höhe die Temperatur sinkt, unterscheidet man in Gebirgen die Höhenstufen der Vegetation. Dabei bestimmt die Temperatur, welche Art von Vegetation z. B. in den Alpen vorherrscht und ob überhaupt etwas wachsen kann: Laub- und Mischwald bzw. Nadelwald, oberhalb der Waldgrenze alpine Rasen, Flechten, Moose, schließlich über der Schneegrenze die Fels- und Schneestufe bzw. Gletscherzone. Der Begriff Gletscher passt also zu den drei vorgegebenen Wörtern, die Höhenstufen der Vegetation beschreiben.

16 Landwirtschaft im Allgäu

▶ Ergänzen Sie die Lücken im Text, indem Sie im Lösungsbogen die zu ergänzenden Begriffe bei den entsprechenden Kennbuchstaben eintragen.

Klimatische Vorgaben für die Landwirtschaft im Allgäu

Bei uns in Bayern wehen die Winde hauptsächlich aus ____A____ Richtung, nämlich vom ____B____ Ozean her. Wenn die feuchten Luftmassen im Allgäu ankommen, zwingt sie das Gelände zum ____C____ und es kommt zu Niederschlägen. Aus diesem Grunde spricht man auch von ____D____-Regen im Allgäu.

16 Landwirtschaft im Allgäu

A westlicher

B Atlantischen

C Aufsteigen

D Steigungs(-Regen)/ Stau(-Regen)

je 1 Punkt, insgesamt 4 Punkte   4 P.

---

*Bayern liegt innerhalb der Westwindzone. Diese verläuft in den mittleren Breiten – als Teil der planetarischen Zirkulation der Atmosphäre – von West nach Ost und liegt sowohl auf der Nord- als auch auf der Südhalbkugel etwa zwischen dem 40. und 60. Breitengrad. Die in Bayern vorherrschenden westlichen Winde verfrachten feuchte Luftmassen vom **Atlantik** her. An größeren Höhen (Oberstdorf liegt auf 818 m NN) und an den Alpen werden diese angestaut und mit der Strömung zum Aufsteigen gezwungen. Die Luft kühlt sich dabei ab und kondensiert. In der Folge kommt es an der Luv-Seite des „Hindernisses" zu Wolkenbildung und Niederschlägen. Diese werden als **Steigungs-** bzw. **Stauregen** bezeichnet.*

Dieses Aufgabenbeispiel zeigt, dass es sich auf jeden Fall empfiehlt, die (Schul-)Kenntnisse über das Klima allgemein und über regionale klimatische Bedingungen wieder aufzufrischen.

17 Nachwachsende Rohstoffe

▶ Lesen Sie den folgenden Text aus dem Internetauftritt des Bayerischen Staatsministeriums für Ernährung, Landwirtschaft und Forsten. Entscheiden Sie, welche Zahlen bzw. Begriffe aus der Auswahlliste in die Lücken (1 bis 5) des Textes passen, und tragen Sie jeweils den entsprechenden Kennbuchstaben in den Lösungsbogen ein.

Quelle (gekürzt): http://www.stmelf.bayern.de/nachwachsende_rohstoffe/index.php (Stand 13.02.2013)

Text:

Nachwachsende Rohstoffe

Neueste Berechnungen der Bayerischen ___(1)___ für Landwirtschaft (LfL) haben ergeben, dass man allein aus Gülle und anderen biogenen Reststoffen in Bayern 840 Mio. Nm³ Methan gewinnen kann. Mit diesem Gasvolumen kann eine elektrische Arbeit von etwa 3.000 GWh pro Jahr gewonnen werden.

Das Gesamtkonzept Nachwachsende Rohstoffe in Bayern von 2009 zeigt, dass sich der Anteil der Bioenergie in Bayern von 3% (1995) auf 6% im Jahr 2007 verdoppelt hat, und stellt Trends wie die Anbauentwicklung von Nachwachsenden Rohstoffen seit 1990 sowie Ziele für 2020 (8% Biomasse am ___(2)___ in Bayern) vor. Rund 70% der ___(3)___ Energien entfallen auf Bioenergie. Holz, Biokraftstoffe und Biogas sind die wesentlichen Elemente der Bioenergie. 300.000 Hektar landwirtschaftliche Fläche und 4,8 Mio. Tonnen Holz werden verwertet.

Holz ist der ___(4)___ Nachwachsende Rohstoff. Ob in Holzpelletanlagen, in Scheitholzkesseln oder in Hackschnitzelanlagen – Holz ist in vielfältiger Form nutzbar. Biodiesel, Pflanzenöl und Bio-Ethanol sind die marktrelevanten Biokraftstoffe. Momentan werden rund 5% Biokraftstoffe im Verkehr verwendet. Mit 2.030 Biogasanlagen steht ein Drittel der deutschen Biogasanlagen in Bayern. Damit werden etwa ___(5)___ des Stroms erzeugt, den die bayerischen Haushalte verbrauchen.

Auswahlliste:

A	20%		G	wichtigste
B	Ministerien		H	Energieverbrauch
C	80%		I	Wirtschaftskreislauf
D	Umweltschutz		K	50%
E	erneuerbaren		L	traditionellen
F	Landesanstalt		M	leichteste

17 Nachwachsende Rohstoffe

Tragen Sie den jeweiligen Kennbuchstaben ein:

(1)	(2)	(3)	(4)	(5)
F	H	E	G	A

je 1 Punkt, insgesamt 5 Punkte — 5 P.

Hier ist ein Text aus dem Internetauftritt des Bayerischen Staatsministeriums für Ernährung, Landwirtschaft und Forsten zu ergänzen, wobei das Füllen der angegebenen Lücken (1) bis (5) einerseits durch die angegebenen Begriffe A bis M erleichtert, andererseits durch das erforderliche aktuelle Fachwissen erschwert wird. Vorsicht – es sind mehr als doppelt so viele Begriffe angegeben, als man benötigt. Nach mehrmaligem Lesen des Textes sollten Sie zunächst inhaltlich sicher sein, welche Art von Begriff oder Zahlenangabe in der jeweiligen Lücke fehlt, danach die entsprechende Lösung finden und den entsprechenden Kennbuchstaben A bis M auf dem Lösungsbogen notieren.

Vorsicht: Die einzusetzenden Begriffe und Zahlen müssen nicht nur inhaltlich stimmig sein, sondern sich auch grammatikalisch korrekt in den vorgegebenen Satz einfügen (dies kann aber auch eine Hilfe bei der Lösungssuche sein!).

Eine gute Lösungsstrategie wäre es, zunächst die Begriffe und Zahlen, bei denen Sie sich sicher sind, sowohl im Text zu notieren als auch in der Auswahl durchzustreichen, um die Auswahl für die weniger eindeutigen Lücken zu verkleinern. Geben Sie auf jeden Fall für jede Lücke eine Lösung an, auch wenn Sie sich nicht sicher sind!

(1) Diese Lücke bezieht sich auf die Bezeichnung eines Bayerischen Instituts für Landwirtschaft, wobei die Abkürzung in den Klammern, also (LfL), die Lösung schon verrät: Es fehlt der Begriff **„Landesanstalt"***, also ist Kennbuchstabe (F) richtig. Grammatikalisch würde noch „(B) Ministerien" passen, aber davon gibt es ja nur eines für Landwirtschaft und die Abkürzung müsste dann eben MfL lauten.*

(2) Der Satzzusammenhang deutet an, dass hier ein Bezug zum Bundesland Bayern hergestellt werden soll. Die Auswahl gibt als grammatikalisch mögliche Begriffe „(D) Umweltschutz", „(H) Energieverbrauch" und „(I) Wirtschaftskreislauf" vor. Davon passt inhaltlich nur **„Energieverbrauch"**, *denn Umweltschutz lässt sich nicht in Prozenten messen und der Wirtschaftskreislauf umfasst weit mehr als nur die Biomasse. Also ist Kennbuchstabe (H) richtig.*

(3) Hier fehlt ein Adjektiv. Zur Auswahl stehen, passend für die Lücke (E) „erneuerbaren" sowie (L) „traditionellen", also Begriffe gegensätzlichen Inhalts. Nachdem der Hauptanteil der erwähnten Energien auf Bioenergie entfällt, macht nur das Adjektiv **„erneuerbaren"** *Sinn.*

(4) In dieser Lücke fehlt ein weiteres Adjektiv. Im Text ist die Rede von der vielfältigen Nutzbarkeit von Holz, was für die Antwort (G) **„wichtigste"** *spricht. Doch untersuchen wir auch noch die anderen Antwortmöglichkeiten: Nachdem von den Auswahlantworten „(M) leichteste" Unsinn ist sowie die anderen Adjektive der Kennbuchstaben (E) und (L) nicht in die Lücke passen, kommen wir auch durchs Ausschlussprinzip wieder zum Kennbuchstaben (G).*

(5) Nachdem es neben den nachwachsenden Rohstoffen noch viele weitere Möglichkeiten zur Stromerzeugung gibt (z. B. die noch vorherrschenden Atomkraftwerke oder die aufkommende Windenergie) und Holz ja der wichtigste nachwachsende Rohstoff ist (siehe Lücke Nr. 4), ist hier die Antwort (A) **„20 %"** *richtig.*

18 Zur Geschichte der Landwirtschaft in Bayern

Die geschichtlichen Veränderungen in der Landwirtschaft im Freistaat Bayern lassen sich anhand von Schaubildern gut darstellen.

▶ Überprüfen Sie, ob die vorgegebenen Aussagen dem Schaubild zu entnehmen sind oder nicht. Geben Sie auf dem Lösungsbogen die jeweils richtige Antwort mit folgenden Kennbuchstaben an:

E = dem Schaubild zu entnehmen   **NE** = nicht dem Schaubild zu entnehmen

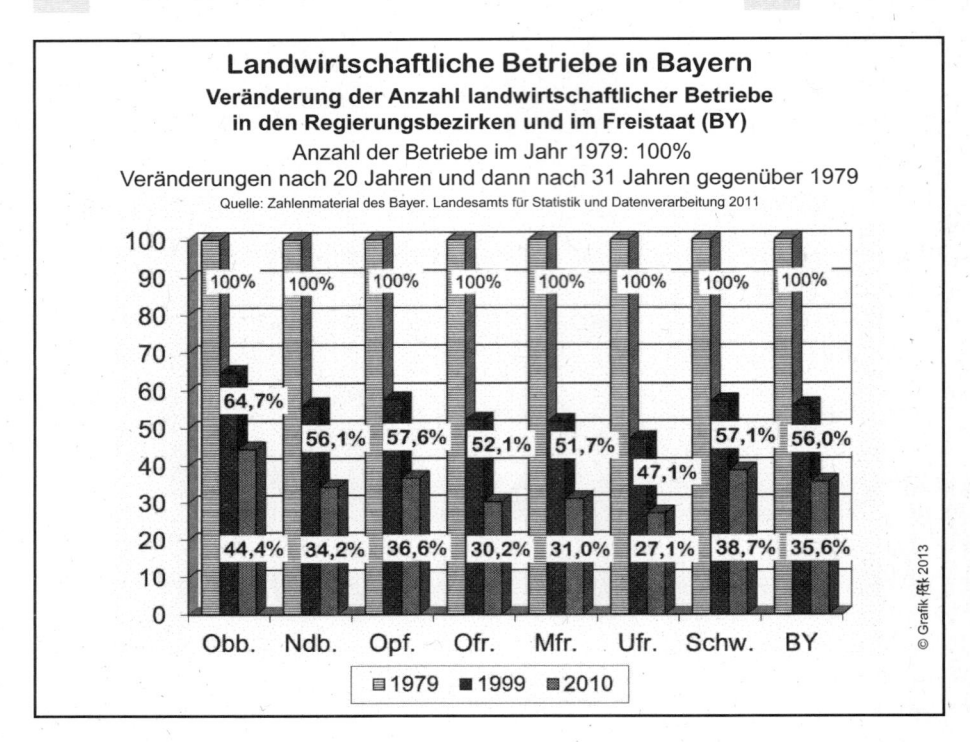

Landwirtschaftliche Betriebe in Bayern
Veränderung der Anzahl landwirtschaftlicher Betriebe in den Regierungsbezirken und im Freistaat (BY)

Anzahl der Betriebe im Jahr 1979: 100%
Veränderungen nach 20 Jahren und dann nach 31 Jahren gegenüber 1979
Quelle: Zahlenmaterial des Bayer. Landesamts für Statistik und Datenverarbeitung 2011

Bezirk	1979	1999	2010
Obb.	100%	64,7%	44,4%
Ndb.	100%	56,1%	34,2%
Opf.	100%	57,6%	36,6%
Ofr.	100%	52,1%	30,2%
Mfr.	100%	51,7%	31,0%
Ufr.	100%	47,1%	27,1%
Schw.	100%	57,1%	38,7%
BY	100%	56,0%	35,6%

Abkürzungen:
Obb. = Oberbayern
Ndb. = Niederbayern
Opf. = Oberpfalz
Ofr. = Oberfranken
Mfr. = Mittelfranken
Ufr. = Unterfranken
Schw. = Schwaben
BY = Bayern gesamt

1
a) Die Entwicklung bei den Landwirtschaftsbetrieben in Niederbayern entspricht nahezu der in ganz Bayern.
b) Der Flächenumfang der landwirtschaftlichen Betriebe vergrößerte sich in Mittelfranken im Gesamtzeitrahmen um 31,0 %.
c) Im ersten Betrachtungszeitraum halbierte sich in Bayern insgesamt die Anzahl bäuerlicher Betriebe exakt.

2
a) Den größten Rückgang landwirtschaftlicher Betriebe im Gesamtzeitraum gab es in Unterfranken.
b) Die relativ geringste Abnahme bäuerlicher Betriebe im beobachteten Zeitraum ist in Oberbayern zu verzeichnen.
c) Im Regierungsbezirk Niederbayern waren bis 2010 nahezu zwei Drittel aller landwirtschaftlichen Betriebe im Vergleich zu 1979 aufgegeben worden.

3
a) Von 100 Bauernhöfen in Oberfranken 1979 gaben bis 2010 nahezu 70 ihre bäuerliche Existenz auf.
b) Nur jeder zweite landwirtschaftliche Betrieb von 1979 konnte wirtschaftlich bis 2010 im Regierungsbezirk Oberfranken überleben.
c) Die Abnahme bäuerlicher Betriebe war im Regierungsbezirk Schwaben in den letzten elf Jahren des betrachteten Zeitraums bayernweit am geringsten.

4
a) Der Rückgang der bäuerlichen Betriebe in der Oberpfalz wurde eindeutig durch die Osterweiterung der EU befördert.
b) Im Regierungsbezirk Oberbayern war das so genannte Bauernlegen (Einstellen des landwirtschaftlichen Betriebs) im Vergleich zu den anderen Bezirken am geringsten.
c) In den ersten zwanzig Jahren des beobachteten Zeitraums machten mehr als die Hälfte aller unterfränkischen Bauernhöfe dicht.

18 Zur Geschichte der Landwirtschaft in Bayern

Tragen Sie für die Aussagen a), b) und c) die jeweils zutreffenden Kennbuchstaben **E** oder **NE** ein:

	1	2	3	4
a)	E	E	E	NE
b)	NE	E	NE	E
c)	NE	E	E	E

je 1 Punkt, insgesamt 12 Punkte — 12 P.

„Ein Bild sagt mehr als tausend Worte", das gilt natürlich erst recht für ein Schaubild. Deshalb bietet sich für diesen Aufgabentyp ein Dreischritt an:
1. Antwort auf die Frage suchen (Worum geht es?). D. h. sämtliche Hinweise schriftlicher Art genau lesen, die Basis des Zahlenmaterials erkennen, die Unterteilungen feststellen – hier z. B. Zeiträume bzw. Regierungsbezirke plus Bayern insgesamt.
2. Tendenzen erfassen, d. h. Entwicklungen z. B. im zeitlichen oder regionalen Rahmen (steigend? fallend? Besonderheiten?) verstehen.
3. Genau die Aufgabe feststellen – hier: dem Schaubild zu entnehmen/nicht zu entnehmen ist/sind …

Nunmehr geht es an die Detailaufgaben, die sinnerfassend zu lesen sind. Bitte nicht verwirren lassen durch detailreiche Fragestellungen. So ist die These 3 c ggf. etwas komplex, doch zeigt ihre Prüfung anhand des Schaubilds eine eindeutige Lösung: Die Aussage stimmt. Sie ist so dem Schaubild zu entnehmen. Beweis: Während bayernweit und in den sonstigen Regierungsbezirken der Rückgang im betrachteten Zeitfenster sich über 20 % bis rund 22 % bewegte, war er mit 18,4 % in Schwaben am geringsten.

19 Landwirtschaftliche Betriebe in Deutschland

▶ a) Kreuzen Sie im Lösungsbogen an, ob die Erklärungen mit dem jeweiligen Kennbuchstaben zu den Aussagen zutreffen.

Aussage 1: „Viele Bauern sind auf einen Nebenerwerb angewiesen."

- **A** Sie benötigen ein Zusatzeinkommen aus nicht-landwirtschaftlicher Arbeit.
- **B** Sie haben mindestens eine andere Erwerbsquelle auf dem Hof.
- **C** Der Hof besteht aus Hauptgebäude und kleineren Nebengebäuden.
- **D** Die Haupterwerbsquelle des Bauern ist nicht die Landwirtschaft.
- **E** Sie verdienen zusätzlich Geld durch Anbau von Sonderkulturen.

Aussage 2: „Nur noch wenige Betriebe im Ort sind Vollerwerbsbetriebe."

- **A** Wenige Landwirte haben eine volle Ausbildung zum Landwirt erworben.
- **B** Die Vorratsräume dieser Betriebe sind nach der Ernte immer randvoll.
- **C** Nur in diesen Betrieben im Ort wird mit vollem Einsatz gearbeitet.
- **D** Fast das gesamte Einkommen beziehen diese Betriebe aus der Landwirtschaft.
- **E** Es gibt nur noch wenige aktive Landwirte im Ort.

Idee: www.joschi-net.de (verändert)

b) Biolandwirtschaft

© Thomas Wizany

Entscheiden Sie, welche **vier** dieser Schlagzeilen am besten zu einem Zeitungsartikel passen, in dem diese Karikatur als Illustration verwendet wird. Tragen Sie im Lösungsbogen die entsprechenden Kreuze ein.

- **A** Biogroßbauern kehren Pflug den Rücken
- **B** Großhandelskonzerne bestimmen mit ihren Bioprodukten den Markt
- **C** Biobauern: immer abhängiger von Großkonzernen
- **D** Großhandelsunternehmen und Biobauern arbeiten Hand in Hand
- **E** Vertragliche Bindung der Biobauern an expandierende Großunternehmen
- **F** Manager der Großkonzerne: reich, dick, bequem!
- **G** Biobauern: zu vielen Kriterien verpflichtet
- **H** Trotz harter Arbeit: Biobauern überzeugen durch zielgerichtetes Handeln

19 Landwirtschaftliche Betriebe in Deutschland

a) Kreuzen Sie an:

Aussage 1: A [X] B [ ] C [ ] D [ ] E [ ]
zutreffend

Aussage 2: A [ ] B [ ] C [ ] D [X] E [ ]
zutreffend

je 2 Punkte, insgesamt 4 Punkte
jeweils kein Punkt bei mehr als einem Kreuz — 4 P.

b) Kreuzen Sie an:

A [ ] B [X] C [X] D [ ] E [X] F [ ] G [X] H [ ]
am besten passend

je 1 Punkt, insgesamt 4 Punkte
Bei mehr als vier Kreuzen: 1 Punkt Abzug pro zusätzlichem Kreuz (niedrigster Endpunktwert 0) — 4 P.

---

a) Aussage 1:
Es gilt, die zentralen Begriffe genau zu lesen. Im Begriff „Nebenerwerb" steckt bereits die Lösung: Neben dem Einkommen aus der Landwirtschaft muss mit einer anderen Tätigkeit Geld „nebenher" verdient werden, d. h. zusätzliche Verdienstmöglichkeiten müssen das Auskommen des Landwirts sichern, vielleicht weil der Hof zu klein oder weil er strukturell nicht konkurrenzfähig ist. Nur Erklärung A ist deshalb richtig, alle anderen Lösungen sind in diesem Zusammenhang unsinnig.
Aussage 2:
Auch hier handelt es sich um eine Begriffsklärung. Ein Vollerwerbsbetrieb ist ein Betrieb, der fast sein gesamtes Einkommen aus der Landwirtschaft bezieht. Nur Buchstabe D trifft zu. Mit Nachdenken und gesundem Menschenverstand können alle anderen Erklärungen ausgeschlossen werden.
b) Karikaturen setzen sich immer kritisch mit einem Sachverhalt auseinander. Diese kritische Haltung zu entschlüsseln stellt die Herausforderung bei der Auswertung von Karikaturen dar. Zur Interpretation ist Hintergrundwissen notwendig. Deshalb sollte man immer zuerst für sich selbst versuchen zu erschließen, worum es geht – auch Kleinigkeiten auf der Abbildung sind oft wichtig – und sich dann erst an das Ankreuzen der richtigen Aussagen machen. Die Karikatur von Thomas Wizany zeigt den übermächtigen „Handelsriesen" (Großkonzern) auf einem längst überholten landwirtschaftlichen Gerät, einem Handpflug, der von einem klein dargestellten Biobauern gezogen wird. Ihm wird ein Brot vor die Nase gehalten, das er aber nicht erreichen kann. Neben der Abhängigkeit von den Großkonzernen erschweren ihm (seinem Betrieb) auch die in Form von großen Steinen dargestellten Gesetze, Vorschriften, Regeln etc. das wirtschaftliche Überleben zusätzlich. Ein Vorwärtskommen, d. h. eine Entwicklung, scheint schier unmöglich. Mit diesem Wissen können die Schlagzeilen A, D, F und H als unpassend ausgeschlossen werden.

20 Landwirtschaft in Deutschland

▶ Im Folgenden finden Sie fünf Aussagen, die sich auf die unten abgebildete Infografik „Landwirtschaft in Deutschland" beziehen. Kreuzen Sie im Lösungsbogen bei dem jeweiligen Kennbuchstaben an, ob die betreffende Aussage zu der Infografik richtig oder falsch ist.

A In Bayern gibt es 3.137 landwirtschaftliche Betriebe.

B Fast ein Fünftel der bundesweit landwirtschaftlich genutzten Fläche befindet sich in Bayern.

C In den drei Stadtstaaten wird landwirtschaftlich am wenigsten Fläche genutzt.

D Fast ein Drittel der landwirtschaftlichen Betriebe in Deutschland befindet sich in Bayern.

E Die Daten der Infografik stammen vom Staatlichen Bundesamt.

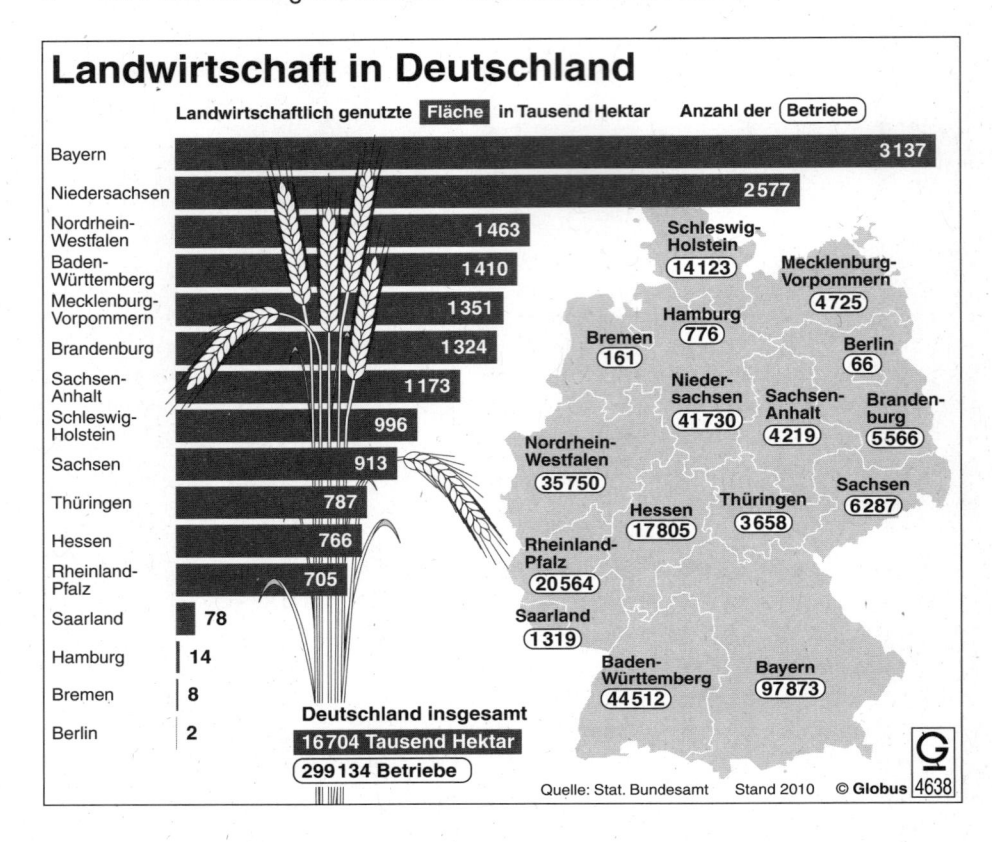

Landwirtschaft in Deutschland

Landwirtschaftlich genutzte Fläche in Tausend Hektar | Anzahl der Betriebe

Bundesland	Fläche (Tsd. Hektar)	Betriebe
Bayern	3 137	97 873
Niedersachsen	2 577	41 730
Nordrhein-Westfalen	1 463	35 750
Baden-Württemberg	1 410	44 512
Mecklenburg-Vorpommern	1 351	4 725
Brandenburg	1 324	5 566
Sachsen-Anhalt	1 173	4 219
Schleswig-Holstein	996	14 123
Sachsen	913	6 287
Thüringen	787	3 658
Hessen	766	17 805
Rheinland-Pfalz	705	20 564
Saarland	78	1 319
Hamburg	14	776
Bremen	8	161
Berlin	2	66

Deutschland insgesamt
16 704 Tausend Hektar
299 134 Betriebe

Quelle: Stat. Bundesamt   Stand 2010   © Globus 4638

20 Landwirtschaft in Deutschland

Kreuzen Sie an:

	A	B	C	D	E
richtig		X	X	X	
falsch	X				X

je 1 Punkt, insgesamt 5 Punkte
kein Punkt für jede Spalte mit mehr als einem Kreuz

5 P.

Bei dieser Aufgabe gilt es zunächst, die angegebenen fünf Aussagen zu verstehen und deren Zahlenangaben zu durchschauen sowie die abgebildete Infografik auszuwerten, damit für jede einzelne Aussage angegeben werden kann, ob sie richtig oder falsch ist. Deshalb sind im Lösungsbogen hier fünf Kreuze erforderlich.
Verschaffen Sie sich zuerst einen Überblick über die Angaben in der Infografik (siehe Tipps in Kapitel III, 2.). Vorsicht bei den Zahlenangaben: Es sind zum einen landwirtschaftlich genutzte Flächen in Hektar in Form eines Balkendiagramms aufgelistet und zum anderen die Anzahl der landwirtschaftlichen Betriebe je Bundesland in der Deutschlandkarte eingetragen worden. Zwei der Aussagen beziehen sich auf die Flächen, zwei auf die Anzahl der Betriebe.

- *Am schnellsten ist die **Aussage E** beantwortet: Schon an der Schreibweise erkennt man, dass ein „Staatliches Bundesamt" nicht als „Stat. Bundesamt", wie die Quelle der Daten am unteren Rand der Infografik angegeben ist, abgekürzt werden kann; sie stammen nämlich vom Statistischen Bundesamt. Also ist Aussage E falsch.*
- *Die **Aussagen A und D** beziehen sich auf die Anzahl der landwirtschaftlichen Betriebe. Beim Blick auf die Karte stellen Sie schnell fest, dass die bei A angegebene Anzahl nicht stimmt – die Zahl „3.137" stammt vom Balkendiagramm und bezieht sich auf die Fläche, was aber hier nicht gefragt ist. Aussage D kann man nur beantworten, wenn man die Gesamtzahl der landwirtschaftlichen Betriebe Deutschlands kennt. Dafür können Sie die Betriebe je Bundesland nun zusammenrechnen (oder dieses Ergebnis schätzen) oder Sie durchforsten nochmals die Infografik – und siehe da: Unten in der Mitte ist die Gesamtzahl der Betriebe für Deutschland angegeben: 299.134. Damit beträgt die Anzahl der bäuerlichen Betriebe in Bayern mit 97.873 eben fast ein Drittel davon, also ist die Aussage D richtig.*
- *Die **Aussagen B und C** beziehen sich auf die Flächen für landwirtschaftliche Nutzung. Bei Aussage B hilft die gleiche Vorgehensweise wie bei D, nur diesmal mit den Angaben für die Flächen: 3.137 Tausend Hektar entsprechen tatsächlich etwa einem Fünftel von 16.704 Tausend Hektar, also ist B richtig. Für die Aussage C muss man wissen, dass Hamburg, Berlin und Bremen als Stadtstaaten unter den Bundesländern bezeichnet werden. Dann kann man am Balkendiagramm leicht erkennen, dass diese drei Städte am unteren Ende der landwirtschaftlich genutzten Fläche stehen: also ist auch C richtig.*

21 Wichtige Wirtschaftsbereiche

▶ Sie finden nachfolgend mit den Nummern 1 bis 6 gekennzeichnete Begriffe aus dem Bereich der Wirtschaftssektoren. Ordnen Sie diesen jeweils den Kennbuchstaben der zugehörigen Erklärungen und Prozentsätze zu. Tragen Sie Ihr Ergebnis in den Lösungsbogen ein.

1	Sekundärer Sektor	A	Forstwirtschaft und Fischerei
2	Anteil der Erwerbstätigen im Bereich der Dienstleistungen	B	ca. 2%
3	Anteil des sekundären Sektors bei den Erwerbstätigen	C	knapp 74%
4	Primärer Sektor	D	Dienstleistungen wie Versicherungen und Handel
5	Tertiärer Sektor	E	Industrie und Bergbau
6	Anteil der Erwerbstätigen im Bereich der Landwirtschaft	F	knapp 25%

22 Welcher Begriff passt nicht in die Reihe?

▶ Ein Begriff gehört jeweils nicht in die Reihe. Tragen Sie diesen in den Lösungsbogen ein.

a) Ökonomie – Hausse – Bulle – Dividende

b) Aufschwung – Konjunktur – Rezession – Inflation

c) Preisanstieg – SEPA – Überweisung – IBAN

d) Gentechnik – Mais – Warenkorb – Anbauflächen

21 Wichtige Wirtschaftsbereiche

Tragen Sie die jeweiligen Kennbuchstaben ein:

1	2	3	4	5	6
E	C	F	A	D	B

je 1 Punkt, insgesamt 6 Punkte — 6 P.

Zur Vorbereitung auf diese Art von Aufgaben könnten Sie sich eine Sammlung von wirtschaftlichen Fachbegriffen anlegen, die z. B. mit Karteikärtchen (auf der Vorderseite der Begriff, auf der Rückseite die Erklärung) geübt werden könnten.
In der Fachwissenschaft ist inzwischen nicht mehr nur von drei, sondern schon von vier Wirtschaftssektoren, also Bereichen, die Rede. Diese werden mit Begriffen lateinischen Ursprungs nach dem geschichtlichen Ablauf des Auftauchens des jeweiligen Wirtschaftsbereichs im Lauf der Jahrhunderte geordnet und durchnummeriert. Zuerst gab es Landwirtschaft/Forst/Fischerei (primärer Bereich), danach kamen Industrie/Handwerk/Bergbau hinzu (sekundärer Bereich) und schließlich an dritter Stelle der heute vorherrschende Dienstleistungsbereich (tertiärer Bereich). Mit diesem Wissen können Sie die Kennbuchstaben den Nummern im Lösungsbogen zuordnen:
Zu 1 gehört E, zu 2 C, zu 3 F, zu 4 A, zu 5 D und zu 6 B, da bei der Landwirtschaft wegen der enormen Produktivitätssteigerung in diesem Bereich im vergangenen Jahrhundert ca. 2 % der Erwerbstätigen in Deutschland ausreichen, um mit ihrer Arbeit die Bevölkerung mehr als ausreichend zu ernähren.

---

22 Welcher Begriff passt nicht in die Reihe?

Tragen Sie den falschen Begriff ein:

a) **Ökonomie**

b) **Inflation**

c) **Preisanstieg**

d) **Warenkorb**

je 1 Punkt, insgesamt 4 Punkte — 4 P.

Jeweils drei der vier angegebenen Begriffe stehen in einem sachlichen Zusammenhang, der vierte klingt vielleicht ähnlich, fachwissenschaftlich oder wichtig, passt aber nicht dazu. Nach mehrmaligem Lesen der jeweils vier Begriffe sollte ein Zusammenhang von dreien gesucht werden, optimal ist, wenn man den vierten zudem ausschließen kann. Machen Sie auch die „Gegenprobe" – gibt es wirklich keinen Zusammenhang Ihres aussortierten Begriffs mit den drei anderen? Haben Sie alle Begriffe richtig verstanden?
*a) Zum Thema „Börse" passen eigentlich alle vier Begriffe: „Ökonomie" bezeichnet wie der übliche Begriff „Wirtschaft" das planvolle Handeln zur Deckung von Bedürfnissen, also sicher auch den Erwerb von Aktien als Geldanlage. Allerdings beziehen sich die weiteren drei Begriffe viel direkter auf das Börsengeschehen: „Hausse" als Bezeichnung für einen Boom der Aktienkurse, „Bulle" als Symboltier für die Hausse sowie „Dividende" als Gewinnanteil, der an die Aktionäre ausgeschüttet werden kann. Also passt **„Ökonomie"** am wenigsten in die Reihe.*
*b) Drei der Begriffe drehen sich um die Konjunkturphasen: „Aufschwung", „Rezession" fürs Gegenteil sowie „Konjunktur" als Begriff für Schwankungen der wirtschaftlichen Aktivitäten eines Landes. **„Inflation"** gehört dagegen zum Themengebiet der Geldentwertung, die sich in Preiserhöhungen sowie dem daraus folgenden Kaufkraftverlust äußert.*

23 Vor einem halben Jahrhundert

▶ Ergänzen Sie die Lücken im nachfolgenden Text mit den passenden Namen, Aussagen oder Begriffen aus der vorgegebenen Auswahlliste. Tragen Sie die jeweiligen Kennbuchstaben in den Lösungsbogen ein (Hinweis: Nicht alle Einträge der Auswahlliste passen für den Lückentext).

Text:

1963 gab es etliche bedeutende Ereignisse

Fast zwei Jahre nach dem Mauerbau in Berlin besuchte der US-amerikanische Präsident __(1)__ den Westen der geteilten Stadt. Ihn begleitete der bis zum Oktober des Jahres amtierende deutsche Bundeskanzler __(2)__. Vor den begeisterten West-Berlinern endete der Präsident seine Rede mit dem Satz auf Deutsch: __(3)__. In den USA kämpften die Schwarzen um ihre rechtliche Gleichstellung mit den Weißen. Der Bürgerrechtler Martin Luther King rief nach dem berühmten Marsch auf die Stadt __(4)__ den versammelten rund 200.000 Menschen vor dem Lincoln Memorial zu, __(5)__, und forderte das Ende der Rassendiskriminierung in den Vereinigten Staaten. Der Präsident der westlichen Führungsmacht erhöhte die Zahl der militärischen Berater im Süden von __(6)__ und zog so die USA weiter in diesen Krieg zwischen dem Norden und dem Süden des geteilten Landes hinein. Im Herbst 1963 wurde der 87-jährige erste Bundeskanzler der Bundesrepublik Deutschland von seinem Nachfolger, dem „Erfinder des Wirtschaftswunders", __(7)__, als Kanzler abgelöst. Ende des Jahres brachen auf Zypern bürgerkriegsähnliche Auseinandersetzungen zwischen den heute nur noch im Norden siedelnden __(8)__ Zyprioten und den griechischen Zyprioten aus. Die so genannten „blutigen Weihnachten" 1963 führten zur Teilung der Insel. Eine Teilung, die __(9)__.

Auswahlliste:

A	Dwight D. Eisenhower	**I**	Afghanistan	**R**	libanesischen
B	Ludwig Erhard	**K**	Völker der Welt, schaut auf diese Stadt!	**S**	türkischen
C	I have a Dream.	**L**	Yes, we can.	**T**	bis heute anhält
D	Korea	**M**	Washington	**U**	John F. Kennedy
E	Kurt Georg Kiesinger	**N**	Richard Nixon	**V**	Heinrich Lübke
F	armenischen	**O**	Konrad Adenauer	**W**	Vietnam
G	Ich bin ein Berliner.	**P**	Dallas		
H	Alabama	**Q**	2010 beseitigt wurde		

c) Während der erste Begriff **„Preisanstieg"** eine Folge der Inflation sein kann, stammen die drei weiteren Begriffe aus dem Bereich der künftigen Überweisungen im „Euro"-Zahlungsraum: hierfür wird künftig im europäischen Zahlungsraum („SEPA" – Single Euro Payments Area) u. a. eine „IBAN" (International Bank Account Number) benötigt.

d) Beim Grundwissen im wirtschaftlichen Bereich taucht der Begriff **„Warenkorb"** auf; dieser bezeichnet eine Zusammenstellung und Bewertung von Gütern zur Ermittlung eines Preisanstiegs. Die weiteren drei Begriffe beschäftigen sich mit dem Themengebiet der Landwirtschaft, wobei die Gentechnik anfangs vor allem in Bezug auf Maisanbauflächen in die Diskussion geriet.

23 Vor einem halben Jahrhundert

Tragen Sie die Kennbuchstaben der passenden Namen, Aussagen und Begriffe ein:

(1)	(2)	(3)	(4)	(5)	(6)	(7)	(8)	(9)
U	O	G	M	C	W	B	S	T

je 1 Punkt, insgesamt 9 Punkte — 9 P.

Zur Vorbereitung ist immer sinnvoll, sich einen Überblick über wichtige Ereignisse, die eine „runde" Zahl von Jahren zurückliegen, zu verschaffen. In der Auswahlprüfung wird an solche Begebenheiten erinnert, die in der Regel auch in den Medien im Prüfungsjahr präsent waren oder sind.

24 Das Volk als Souverän

a) In der Bundesrepublik Deutschland ist das Volk der Souverän. Dies ist Bestandteil unseres Demokratieprinzips und gehört zu den grundlegenden Merkmalen unserer Verfassung.

▶ Kreuzen Sie im Lösungsbogen die Kennbuchstaben der **nicht** zutreffenden Aussagen an.

Der Souverän übt die Staatsgewalt z. B. durch Wahlen aus. **Nicht** unmittelbar vom Volk gewählt wird/werden in der Bundesrepublik Deutschland ...

A der/die Bundespräsident/in.

B der/die Präsident/in des Bundesverfassungsgerichts.

C die Mitglieder des Bundestags.

D der/die Bundeskanzler/in und die Bundesregierung.

E der/die Präsident/in der Europäischen Kommission.

Abb.: http://www.briefmarken-bilder.de/
brd-briefmarken-1981-bilder/volkssouveraenitaet-gr.jpg

▶ b) Die Wahlen zu den Volksvertretungen müssen in Deutschland bestimmte verfassungsmäßige Bedingungen erfüllen. Kreuzen Sie im Lösungsbogen bei den jeweiligen Kennbuchstaben an, ob die vorgegebenen Antwortkombinationen vollständig richtig oder teilweise falsch sind.

01 Die Wahlen müssen gleich sein, d. h. jede Stimme muss am gleichen Tag zur gleichen Wahl abgegeben werden.

02 Die Wahlen müssen allgemein sein, d. h. alle Wahlberechtigten ab einem bestimmten Alter (in Deutschland ab 18 Jahren) können wählen und (in Deutschland erst ab 21 Jahren) gewählt werden.

03 Die Wahlen müssen frei sein, d. h. auf die Wähler darf keinerlei Druck ausgeübt werden, ihre Stimme für einen Kandidaten oder für eine Partei abzugeben; die Bürger sind auch frei, nicht zu wählen, es gibt keine Wahlpflicht.

04 Die Wahlen müssen unmittelbar sein, d. h. die Wähler wählen unmittelbar ihren Stimmkreisabgeordneten über eine Liste, der dann die Abgeordneten des Wahlkreises unmittelbar wählt.

05 Die Wahlen müssen grundsätzlich sein, d. h. alle Wahlberechtigten ab einem bestimmten Alter (in Deutschland ab 18 Jahren) müssen grundsätzlich ihrem Wahlrecht Genüge leisten.

06 Die Wahlen müssen unmittelbar sein, d. h. die Wähler wählen direkt einen oder mehrere Abgeordnete über eine Liste.

07 Die Wahlen müssen simultan sein, d. h. die Wähler wählen an ein und demselben Tag z. B. die Abgeordneten der bundesdeutschen Landtage, nicht wie bei den Wahlen zum Präsidenten der USA, bei dem die Vorwahlen zu verschiedenen Zeitpunkten stattfinden.

08 Die Wahlen müssen allgemein sein, d. h. alle Wahlberechtigten ab einem bestimmten Alter (in Deutschland ab 18 Jahren) können wählen und (in Deutschland in der Regel ab 18 Jahren) gewählt werden.

09 Die Wahlen müssen geheim sein, d. h. es bleibt geheim, wie der Wähler abstimmt; so dienen die nicht einsehbare Wahlkabine, der Stimmzettel im nichttransparenten Umschlag, der Einwurf in die Wahlurne diesem Zweck.

10 Die Wahlen müssen gleich sein, d. h. jede Stimme, gleichgültig, welcher Stimmberechtigte sie abgegeben hat, zählt gleich viel.

11 Die Wahlen müssen frei sein, d. h. auf die Wähler darf keinerlei Druck ausgeübt werden, ihre Stimme für einen Kandidaten oder für eine Partei abzugeben; die Wahlpflicht ist zu beachten.

12 Der Termin für die Wahl des Bundestages darf nicht mit dem Termin einer Landtagswahl zusammenfallen.

Antwortkombinationen:

A (06), (02), (09), (10) und (11)

B (06), (03), (09), (08) und (12)

C (07), (10), (01), (04) und (05)

D (06), (03), (08), (09) und (10)

24 Das Volk als Souverän

a) Kreuzen Sie an:

	A	B	C	D	E
nicht zutreffend	☐	☐	**X**	☐	☐

2 Punkte
kein Punkt bei mehr als einem Kreuz

2 P.°

b) Kreuzen Sie an:

	A	B	C	D
vollständig richtig	☐	☐	☐	**X**
teilweise falsch	**X**	**X**	**X**	☐

je 4 Punkte, insgesamt 16 Punkte
kein Punkt für jede Spalte mit mehr als einem Kreuz

16 P.*

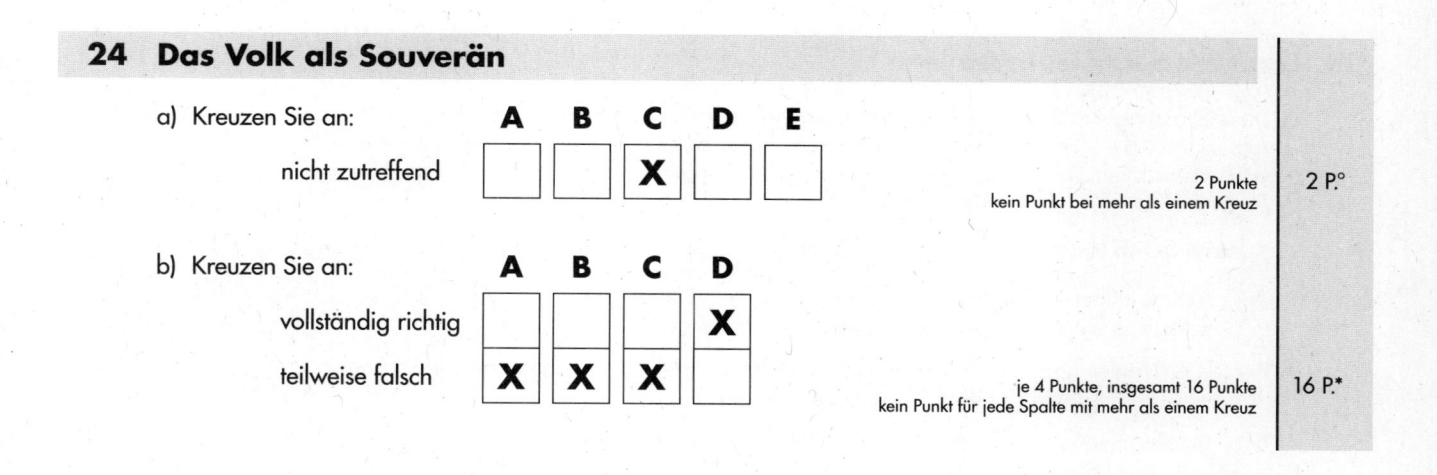

Das hier gegebene Aufgabenformat ist mit dem Ausschlussverfahren bearbeitbar. Dass C bei der Aufgabe a) falsch sein muss, liegt auf der Hand, da ja klar ist, dass die Wahlberechtigten, also das Volk, den Bundestag, somit dessen Mitglieder, wählen. Bei b) ist zu überprüfen, ob ein Element der vorgegebenen Antwortkombinationen unzutreffend ist – und schon kann das Lösungskreuzchen gesetzt werden.

25 Landtagswahlen in Bayern

a) Die Verfassung des Freistaats Bayern legt mit Artikel 14 Grundsätze des Landtagswahlrechts fest. So heißt es dort in Absatz 1 u. a.: *„Die Abgeordneten werden in allgemeiner, gleicher, unmittelbarer und geheimer Wahl nach einem verbesserten Verhältniswahlrecht von allen wahlberechtigten Staatsbürgern in Wahlkreisen und Stimmkreisen gewählt. […]"*

▶ Kreuzen Sie im Lösungsbogen an, ob die Aussage mit dem jeweiligen Kennbuchstaben richtig oder falsch ist:

A Aktiv wahlberechtigt ist jeder Bürger der Europäischen Union, der das 18. Lebensjahr vollendet hat und seit mindestens drei Monaten seinen Hauptwohnsitz in Bayern hat.

B Der Wähler hat zwei Stimmen: Mit der Erststimme wählt er einen Stimmkreiskandidaten, mit der Zweitstimme einen Kandidaten der Wahlkreisliste einer Partei.

C Mit der Erststimme hat der Stimmberechtigte die Gelegenheit, einen Direktkandidaten aus dem eigenen Stimmkreis zu wählen. In jedem Stimmkreis ist derjenige Kandidat gewählt, der die meisten Stimmen erhält, wenn dessen Partei bayernweit mindestens 5 % aller abgegebenen gültigen Stimmen erhalten hat.

D Der Ministerpräsident wird nicht direkt vom Volk gewählt. Das bedeutet, dass der einzelne Wähler diesen nicht unmittelbar per Erst- oder Zweitstimme wählen kann.

▶ b) Kreuzen Sie im Lösungsbogen an, ob die Aussage mit dem jeweiligen Kennbuchstaben richtig oder falsch ist:

Die Landtagswahlen in Bayern finden 2013 …

A eine Woche nach den Bundestagswahlen statt.

B gleichzeitig mit der Abstimmung über Volksentscheide zur Änderung der Bayerischen Verfassung statt.

C am 15. September statt.

26 Denksportliches

▶ a) Kreuzen Sie im Lösungsbogen an, welche der Figuren A bis E nicht in die Reihe gehört.

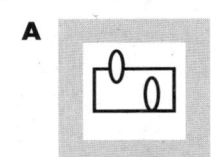

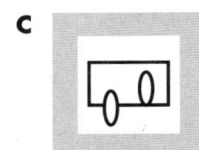

▶ b) Kreuzen Sie im Lösungsbogen an, welche der Figuren A bis D die obere Abfolge des schwarzen, des grauen und der beiden transparenten Kreise fortsetzt.

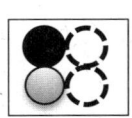

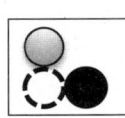

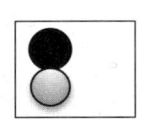

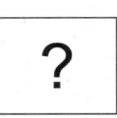

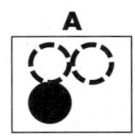

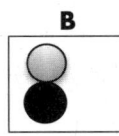

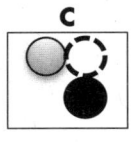

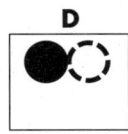

Die Prüfungsaufgaben für das Einstellungsjahr 2014

25 Landtagswahlen in Bayern

a) Kreuzen Sie an:

	A	B	C	D
richtig		X	X	X
falsch	X			

je 1 Punkt, insgesamt 4 Punkte
kein Punkt für jede Spalte mit mehr als einem Kreuz

4 P.

b) Kreuzen Sie an:

	A	B	C
richtig		X	X
falsch	X		

je 1 Punkt, insgesamt 3 Punkte
kein Punkt für jede Spalte mit mehr als einem Kreuz

3 P.

Wahlen sind Kernstück demokratischen Handelns und Legitimierens. Deshalb wird empfohlen, anstehende Wahlen im Prüfungsjahr, gleichgültig, auf welcher politischen Ebene sie stattfinden werden, genauer sich anzusehen und ihre etwaigen Besonderheiten zu kennen.

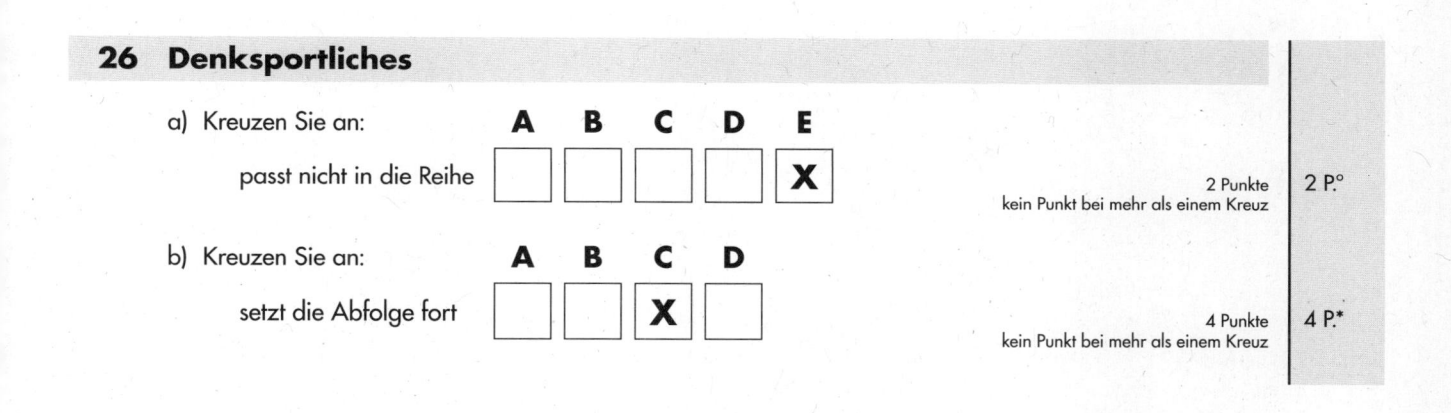

26 Denksportliches

a) Kreuzen Sie an:

	A	B	C	D	E
passt nicht in die Reihe					X

2 Punkte
kein Punkt bei mehr als einem Kreuz

2 P.°

b) Kreuzen Sie an:

	A	B	C	D
setzt die Abfolge fort			X	

4 Punkte
kein Punkt bei mehr als einem Kreuz

4 P.*

Durch folgerichtiges Denken muss bei beiden Aufgaben herausgefunden werden, welche Gesetzmäßigkeit jeweils der Reihung der vorgegebenen Figuren zugrunde liegt. Bei Aufgabe a) soll das Element identifiziert werden, welches nicht in die Reihe passt, bei Aufgabe b) gilt es, die „Abfolge" richtig weiterzuführen. Diese Aufgabenformate lassen sich durch wiederholtes Lösen von Aufgabenbeispielen trainieren. Tipps für das Ergänzen von Reihenaufgaben finden sich in zahlreichen Verlagsangeboten zu Einstellungstests.

Die Prüfungsaufgaben für das Einstellungsjahr 2015

Text Dieser Text ist für die Bearbeitung der Aufgaben ab Nummer 1 notwendig.

Von fahrenden Sängern zur digitalen Revolution

1 Menschen haben immer schon miteinander kommuniziert. Aber Kommunikation blieb jahr-
2 tausendelang an die Reichweite der menschlichen Stimme gebunden. Allenfalls konnten ver-
3 abredete akustische oder optische Zeichen wie Trommeln oder Rauch eingesetzt werden.

4 Mit der Herausbildung komplexer Gesellschaften stieg der Bedarf auch an Neuigkeiten. Im
5 Mittelalter erfüllten Barden und fahrende Sänger durch Lieder und Sprüche Aufgaben der
6 Information. Mittels der Schrift ließen sich Botschaften zwar speichern, aber die Vervielfälti-
7 gung war noch mühsam und aufwendig, weil sie mit der Hand abgeschrieben werden muss-
8 ten.

9 Erst die Erfindung des Buchdrucks durch Johannes Gutenberg um 1450 ermöglichte es,
10 Schriftwerke in größerer Zahl und in kürzerer Zeit zu produzieren und Nachrichten an ein
11 breites Publikum weiterzugeben. Das neue Verfahren wurde zunächst vorrangig dafür ge-
12 nutzt, den Bedarf an Bibeln, Gebet- und Messbüchern und anderen religiösen Textsammlun-
13 gen zu decken; jedoch bediente man sich der Drucktechnik bald auch, um Nachrichten
14 („Newe Zeytungen") zu verbreiten. In der Reformation wurden Flugschriften in großen Auf-
15 lagen für die Meinungsbildung und Propaganda zu kirchlichen und gesellschaftlichen Streit-
16 fragen genutzt.

17 Zu Beginn des 17. Jahrhunderts begannen dann die ersten (Wochen-)Zeitungen regelmäßig
18 zu erscheinen. Korrespondenten in verschiedenen Teilen Europas lieferten den Druckern die
19 Nachrichten. Diese wurden ihnen von Postreitern zugestellt. In Deutschland gab es damals
20 infolge der Kleinstaaterei mehr Zeitungen als in allen anderen Ländern Europas zusammen-
21 genommen.

22 Zur Geschichte der Presse gehörte von früh an auch die Zensur. Kirchliche und staatliche
23 Obrigkeiten übten Kontrolle über das Pressewesen aus. Der Buchdruckereid verpflichtete
24 dazu, nichts zu drucken, was nicht geprüft war oder Vorschriften widersprach. Erst nach der
25 Reichsgründung gewährleistete das Reichspreßgesetz von 1874 landesweit einheitlich die
26 Pressefreiheit.

27 Als im 19. Jahrhundert Schnellpresse und Rotationspresse sowie die Setzmaschine entwickelt
28 wurden, vergrößerte sich das Zeitungsformat, der Seitenumfang wuchs an, mehrmaliges
29 Erscheinen in der Woche wurde üblich. Telegrafie und Telefon beschleunigten zudem die
30 Übermittlung von Nachrichten enorm. Auf breiter Front erschienen nach 1850 Anzeigen in
31 der Tagespresse und verbilligten den Abonnement- und Einzelverkauf. Die Auflagen stiegen.
32 Bis zum Ende des 19. Jahrhunderts blieb die Presse das einzige Massenmedium.

33 1895 gilt als Geburtsjahr des Films. In Paris und Berlin fanden damals die ersten öffentlichen
34 Vorführungen statt. Die Filmproduzenten zogen zunächst von Ort zu Ort, um ihr „Wander-
35 kino" vorzuführen. Erst danach errichtete man ortsfeste Filmtheater, was den Bedarf an Lang-
36 filmen nach sich zog. Diesen wurden Wochenschauen mit aktuellen Filmberichten vorge-
37 schaltet.

38 Die Entdeckung der elektromagnetischen Wellen durch Heinrich Hertz im Jahr 1888 wurde
39 zur technischen Grundlage der elektronischen Medien. Wegen der staatlichen Fernmeldeho-
40 heit spielte die Post die maßgebliche Rolle bei der Entstehung des Rundfunks in Deutschland.

41 Mit ihrer Machtergreifung 1933 machten die Nationalsozialisten publizistische Massenmedi-
42 en in Deutschland zu Instrumenten der Propaganda. Die oppositionelle Presse wurde besei-
43 tigt, bürgerliche Zeitungen bekämpft und verboten, die Filmproduktion überwacht. Gedreht
44 wurden Propagandafilme oder unverfängliche Unterhaltungsfilme, die der Ablenkung die-
45 nen sollten. Die Berichterstattung im Rundfunk wurde durch amtliche Presseanweisungen
46 gelenkt. Am 22. März 1935 wurde der regelmäßige Fernsehprogrammbetrieb in Berlin
47 aufgenommen. Da es aber an Empfangsgeräten fehlte, konnten Zuschauer daran nur in
48 öffentlichen Fernsehstuben teilhaben.

49 Nach dem Ende des Zweiten Weltkriegs trafen die alliierten Besatzungsmächte die maßgeb-
50 lichen Entscheidungen für den Wiederaufbau der Massenmedien in Deutschland. In den
51 westlichen Zonen entstand eine liberal-demokratische Medienordnung. Das 1949 erlassene
52 Grundgesetz garantiert in Art. 5 Presse- und Informationsfreiheit und verbietet die Zensur.

53 Einen enormen Schub für die Medienentwicklung lösten die Computertechnik und das Inter-
54 net aus, das zunächst in seinen technischen Grundlagen in den 1960er-Jahren von Rüstungs-
55 unternehmen und dem US-amerikanischen Verteidigungsministerium entwickelt, später von
56 Universitäten verbessert und für kommerzielle Nutzer geöffnet wurde. In den 1980er-Jahren
57 begann der Computer nicht nur in Forschung und Beruf, sondern auch im privaten Bereich
58 Anwendung zu finden und ist heute ein selbstverständlicher Bestandteil des täglichen Lebens.
59 Die kommunikative Vernetzung wird sich künftig immer grenzenloser ausbreiten. Die digitale
60 Revolution ist in vollem Gange. Nicht ohne Grund spricht man heute von der größten
61 Medienrevolution seit Gutenberg.

Nach Jürgen Wilke, Bundeszentrale für politische Bildung (didaktisch aufbereitet: verändert, ergänzt)

Zur Beantwortung der nachfolgenden Fragen Nrn. 1–3 lesen Sie bitte den Text „Von fahrenden Sängern zur digitalen Revolution" (Text auf Seite 126 f.) aufmerksam durch.

1 Inhalt des Textes

▶ Überprüfen Sie für jeden Textabschnitt, ob die vorgegebenen Behauptungen im Sinne des Textes eindeutig richtig sind, im Hinblick auf die Aussagen des Textes falsch sind oder dem Text nicht zu entnehmen sind. Tragen Sie auf dem Lösungsbogen die jeweils zutreffende Kennzeichnung ein:

R = im Sinne des Textes eindeutig richtig

F = im Hinblick auf die Aussagen des Textes falsch

NE = dem Text nicht zu entnehmen

Abschnitt 1 und 2 (Zeile 1–8)

a) Das wachsende Bedürfnis, Neues zu erfahren, war schwer zu bedienen, weil maschinelle Vervielfältigungsmöglichkeiten fehlten.

b) Lieder dienten im Mittelalter vor allem der Vermittlung von religiösen Texten.

c) Neben der menschlichen Stimme wurden zahlreiche Mittel zur Kommunikation verwendet.

Abschnitt 3 und 4 (Zeile 9–21)

a) Das neue Buchdruckverfahren wurde auf Anhieb für die Verbreitung von aktuellen Nachrichten eingesetzt.

b) Wegen der föderalistischen Struktur gab es in Deutschland eine besondere Vielfalt an Zeitungen.

c) Postreiter waren für den Transport von Briefen zuständig.

Abschnitt 5 und 6 (Zeile 22–32)

a) Die Kirche befürchtete einen blasphemischen Einfluss auf die Gesellschaft durch die Presse.

b) Das Reichspreßgesetz diente zur Kontrolle über das Pressewesen.

c) Werbung ermöglichte einen vergünstigten Verkauf von Zeitungen.

Abschnitt 7 und 8 (Zeile 33–40)

a) Filmvorführungen dienten in ihren Anfängen primär der Übertragung von aktuellen Geschehnissen.

b) Die Entdeckung der elektromagnetischen Wellen Ende des 18. Jahrhunderts war die technische Basis der neuen Medien.

c) Die Entstehung des deutschen Rundfunks war bahnbrechend für die Geschichte der Medien.

Abschnitt 9 und 10 (Zeile 41–52)

a) Im Nationalsozialismus besaßen Filme ausschließlich propagandistische Zwecke.

b) Sowohl Presse als auch Rundfunk waren zur Zeit des Nationalsozialismus einer strengen Zensur unterworfen.

c) Die mit dem Grundgesetz in Kraft getretene Presse- und Informationsfreiheit soll in erster Linie die freie Meinungsbildung gewährleisten.

Abschnitt 11 (Zeile 53–61)

a) Soziale Netzwerke sind heute im privaten und beruflichen Bereich nicht mehr wegzudenken.

b) Eine entscheidende Rolle bei der Entwicklung des Internets spielte u. a. das US-amerikanische Verteidigungsministerium.

c) Ab Beginn der 1990er-Jahre wurden Computer nach und nach auch in privaten Haushalten genutzt.

1 Inhalt des Textes

Tragen Sie für die Behauptungen a), b) und c) zu den einzelnen Textabschnitten die jeweils zutreffende Kennzeichnung **R**, **F** oder **NE** ein:

Abschnitt 1–2
a) R
b) NE
c) F

Abschnitt 3–4
a) F
b) R
c) NE

Abschnitt 5–6
a) NE
b) F
c) R

Abschnitt 7–8
a) NE
b) F
c) NE

Abschnitt 9–10
a) F
b) R
c) NE

Abschnitt 11
a) NE
b) R
c) F

je 1 Punkt, insgesamt 18 Punkte — 18 P.

Bei dieser Aufgabe geht es nicht darum, ob die zur Auswahl stehenden Aussagen für sich allein gesehen richtig oder falsch sind. Vielmehr muss überprüft werden, ob ihr Inhalt dem jeweiligen Textabschnitt zu entnehmen ist („im Sinne des Textes eindeutig richtig"), ob der Textabschnitt, bezogen auf den Text, falsch ist („im Hinblick auf die Aussagen des Textes falsch") oder ob die Thematik überhaupt nicht angesprochen wird („dem Text nicht zu entnehmen"). Diese Überprüfung ist für jede einzelne Aussage vorzunehmen, im Anschluss daran ist die zutreffende Antwort im Lösungsblatt anzukreuzen.

Fragestellung zu Textabschnitt 1 als Beispiel:
Aussage a): Dieser Sachverhalt wird in den Zeilen 2 und 3 dargestellt.
Aussage b): Dieser Aspekt wird im Textabschnitt nicht angesprochen, es wird nur allgemein darauf hingewiesen, dass durch Lieder Informationen weitergegeben wurden.
Aussage c): Diese Aussage widerspricht dem Inhalt des Textes, sie ist also falsch. Es wird – neben der menschlichen Stimme – nur ein weiteres Mittel der Kommunikation genannt, nämlich handgeschriebene Texte.

2 Gesamtaussagen des Textes

a) Welche Absicht verfolgen die Autoren mit dem Text „Von fahrenden Sängern zur digitalen Revolution"?

▶ Kreuzen Sie die **drei** zutreffenden Kennzahlen im Lösungsbogen an.

Sie …

1 appellieren.
2 stellen einen geschichtlichen Abriss dar.
3 erörtern die menschliche Kommunikation.
4 tragen zur Meinungsbildung bei.
5 vermitteln Hintergrundwissen.
6 geben auch einen Ausblick in die Zukunft.
7 zeigen Gefahren auf.
8 äußern Bedenken.

▶ b) Folgende Überschriften gehören zu bestimmten, nicht zwingend mit den Absätzen 1 bis 11 übereinstimmenden Textabschnitten. Tragen Sie die Kennbuchstaben der nachfolgenden Überschriften in der Reihenfolge im Lösungsbogen ein, wie sie im Text behandelt werden.

A Die Entwicklung der Presse zur Zeit der Industrialisierung
B Medien als politisches Manipulationsmittel in der deutschen Geschichte
C Die ursprüngliche menschliche Kommunikation
D Bahnbrechende Erfindungen für Film und Rundfunk
E Das Zeitalter der digitalen Revolution
F Die Zeitung als neues Medium
G Der Übergang zur massenhaften Vervielfältigung

3 Bedeutung von Fremdwörtern

▶ Tragen Sie zu jedem nachfolgend aufgeführten Fremdwort jeweils den Kennbuchstaben des Wortes in den Lösungsbogen ein, das dessen Sinn **im Textzusammenhang** (Text auf Seite 126 f.) am besten wiedergibt.

1. **komplex** (Zeile 4)
   A zusammengesetzt
   B verworren
   C vielschichtig
   D schwierig

2. **Korrespondent** (Zeile 18)
   A Stellvertreter
   B Beauftragter
   C Berichterstatter
   D Autor

3. **publizistisch** (Zeile 41)
   A der Veröffentlichung dienend
   B beliebt
   C weit verbreitet
   D einflussreich

4. **oppositionell** (Zeile 42)
   A aufsässig
   B gegnerisch
   C fehlerhaft
   D offen

5. **alliiert** (Zeile 49)
   A gleichgesinnt
   B wohlwollend
   C feindlich
   D verbündet

6. **liberal** (Zeile 51)
   A rechtlich
   B freiheitlich
   C christlich
   D aufgeklärt

7. **kommerziell** (Zeile 56)
   A Gewinn bringend
   B geschäftlich
   C zahlungskräftig
   D lohnend

2 Gesamtaussagen des Textes

a) Kreuzen Sie an:

1	2	3	4	5	6	7	8
	X			X	X		

zutreffende Kennzahlen

je 1 Punkt, insgesamt 3 Punkte
Bei mehr als drei Kreuzen: 1 Punkt Abzug pro zusätzlichem Kreuz (niedrigster Endpunktwert 0)

3 P.

b) Tragen Sie den jeweiligen Kennbuchstaben in der richtigen Reihenfolge ein:

1	2	3	4	5	6	7
C	G	F	A	D	B	E

je 1 Punkt für jeden Buchstaben im richtigen Feld, insgesamt 7 Punkte

7 P.

---

a) Kreuzen Sie nur Kennziffern an, bei denen Sie sich ganz sicher sind, da bei jedem falsch gesetzten Kreuz ein Punkt abgezogen wird.
Neben inhaltlichen Aspekten helfen auch der Sprachstil und die Wortwahl dabei, sich die Absicht der Verfasser zu erschließen. Bereits die Überschrift weist darauf hin, dass eine zeitliche Entwicklung beschrieben wird („Von ... bis"), zudem wird im Text immer wieder auf Jahreszahlen verwiesen, also ist Kennziffer 2 richtig. Die einzelnen Entwicklungsstadien werden nicht nur genannt, sondern inhaltlich ausgeführt (Kennziffer 5), den Blick in die Zukunft eröffnen die Zeilen 59 bis 61 (Kennziffer 6). Der Text beschreibt die historische Entwicklung und es ist nicht die Absicht der Autoren, Vor- und Nachteile bzw. Gefahren aufzuzeigen oder die Leserin/ den Leser zur Bildung einer eigenen Meinung anzuregen.
b) Am sinnvollsten ist es, den Text abschnittweise durchzugehen und am Ende jedes Abschnitts zu überprüfen, welche der Überschriften seinen Inhalt treffend zusammenfasst. So ergibt sich die Reihenfolge der Kennbuchstaben beim Lesen und Zuordnen.

---

3 Bedeutung von Fremdwörtern

Tragen Sie den jeweiligen Kennbuchstaben ein:

1	2	3	4	5	6	7
C	C	A	B	D	B	B

je 1 Punkt, insgesamt 7 Punkte

7 P.

Bei dieser Aufgabe muss nicht nur das Fremdwort in den entsprechenden deutschen Begriff „übersetzt" werden, sondern es muss zusätzlich überprüft werden, ob der gefundene Begriff in den vorgegebenen Text passt. Deshalb ist jeweils die Textstelle angegeben, an der das Fremdwort verwendet wird. Im Zweifelsfall kann durch Einsetzen der möglichen Alternativen in den Text (Frage: Ergibt der Satz dann einen Sinn?) im Ausschlussverfahren die richtige Antwort gefunden werden.

4 Medien in der Diskussion

In der nachfolgenden Tabelle finden sich neben den Themen 1 bis 7 jeweils Oberbegriffe für eine Gliederung der Themen. Entscheiden Sie, ob das Thema jeweils richtig oder falsch gegliedert ist. Das trifft zu, wenn Inhalt und Anzahl der Oberbegriffe korrekt sind.

Beispiel (Nr. 0) für eine richtige Gliederung:

Nr.	Thema	Oberbegriffe für die Gliederung
0	Zeigen Sie Argumente für und gegen eine Einschränkung der Pressefreiheit auf.	I. Pro-Argumente II. Kontra-Argumente

▶ Kreuzen Sie im Lösungsbogen für jedes Thema (Nrn. 1–7) an, ob es richtig oder falsch gegliedert ist.

Nr.	Thema	Oberbegriffe für die Gliederung
1	Der Einsatz digitaler Medien nimmt stetig zu. Stellen Sie Vor- und Nachteile dieser Entwicklung einander gegenüber.	I. Vorteile II. Nachteile III. Persönliche Stellungnahme
2	E-Book-Reader sind elektronische Lesegeräte, die digitalisierte Texte wiedergeben. Können E-Book-Reader Bücher und Zeitungen ersetzen?	I. Möglichkeiten II. Grenzen III. Persönliche Stellungnahme
3	Das Internet nimmt in der heutigen Zeit einen großen Raum unserer Lebenswelt ein. Nennen Sie sowohl Chancen als auch Risiken, die das Internet mit sich bringt.	I. Gesellschaftliche Chancen II. Risiken des Verbrauchers
4	Inwiefern kann ein unkontrollierter Fernsehkonsum Kindern und Jugendlichen schaden?	I. Körperliche Gefahren II. Soziale Gefahren III. Seelische Gefahren
5	Seit etwa zehn Jahren wird das Phänomen der Computer- und Internetabhängigkeit beobachtet, von dem besonders junge Menschen betroffen sind. Nennen Sie mögliche Ursachen.	I. Ursachen II. Vorbeugende Maßnahmen
6	Zeigen Sie auf, dass Smartphones zu einer bedeutenden Informationsquelle geworden sind. Gehen Sie zudem auf Einschränkungen gegenüber anderen Medien ein.	I. Möglichkeiten II. Grenzen
7	Das Radio wird immer wieder als veraltetes Medium bezeichnet. Argumentieren Sie gegen diese These.	I. Definition und Historie II. Vorteile

4 Medien in der Diskussion

Kreuzen Sie an:

	0	1	2	3	4	5	6	7
richtig	**X**		X		X		X	
falsch		X		X		X		X

je 1 Punkt, insgesamt 7 Punkte
kein Punkt für jede Spalte mit mehr als einem Kreuz

7 P.

In einem ersten Schritt müssen die Themen dahingehend untersucht werden, ob sie zwei- oder dreigliedrig sind, also in der Gliederung zwei oder drei Oberbegriffe erfordern. Passt die Anzahl der Oberbegriffe nicht, kann das Kreuz bei „falsch" schon gesetzt werden. Ist die Anzahl korrekt, ist als nächstes zu überprüfen, ob die – eher abstrakt formulierten – Begriffe zum Inhalt des dazugehörigen Thementeils passen.

Thema 1: I. und II.: richtig; III.: falsch, denn die eigene Meinung ist nicht gefragt (zweigliedriges Thema)
Thema 2: richtig
Thema 3: falsch, denn bei I. werden die Chancen bereits auf die gesellschaftlichen eingeschränkt und bei II. die Risiken auf den Verbraucher reduziert
Thema 4: richtig
Thema 5: I.: richtig, die vorbeugenden Maßnahmen sind jedoch nicht gefragt
Thema 6: richtig
Thema 7: falsch, keiner der beiden Oberbegriffe passt zum Thema

5 Blinde und neue Medien

Am 28.10.2013 wurde auf der Webseite „Planet Wissen" ein Artikel des Medienwissenschaftlers Wolfgang Neumann-Bechstein veröffentlicht, der die Vorteile und Möglichkeiten digitaler Medien für Blinde aufzeigt.

▶ Im Lösungsbogen finden Sie einen Auszug des Textes „Blinde und neue Medien" in abgeänderter Form. In dem Textabschnitt sind Ausdrucks- und Grammatikfehler unterringelt. Tragen Sie zu jeder dieser Markierungen in der rechten Spalte jeweils einen Verbesserungsvorschlag ein.

5 Blinde und neue Medien

Text	Verbesserungsvorschlag
Die Digitalisierung der Informationsvermittlung <u>gibt</u> Blinden neue Möglichkeiten, an den Informationsprozessen der Gesellschaft <u>mitzumachen</u>. Im analogen Medienzeitalter war es noch <u>erfordernd</u>, dem Blinden alle wichtigen Informationen in die Braille-Punktschrift zu übersetzen und zu drucken. Computer und Internet können Blinde hingegen viel schneller benutzen – dank speziell <u>gemachter</u> Soft- und Hardware. Wenn Blinde den Computer nutzen, sieht der wie <u>jede</u> andere aus, verfügt aber zusätzlich unterhalb der Tastatur über eine Ausgabeleiste für Braille-Schrift. Jene Teile der Bildschirmseite, <u>der</u> der Blinde per Cursor anklickt, werden auf der Braille-Tastatur durch Punktschrift erfühlbar und <u>ist</u> über Lautsprecher oder Kopfhörer <u>wegen</u> eines Sprachprogramms zu hören.	z. B.: **eröffnet** **teilzuhaben/beteiligt zu sein/ mitzuwirken** **erforderlich/nötig/notwendig** **entwickelter/produzierter** **jeder** **die/welche** **sind** **mithilfe/mit Hilfe/mittels**
<u>Und</u> ermöglicht der PC in Verbindung mit einem Scanner mit Texterkennung, <u>damit</u> normale Bücher über die Braille-Zeile gelesen oder per Screenreader vorgelesen werden können. Die Zeiten, <u>wo</u> Blinde Masseure, Blindenpädagogen oder Telefonisten wurden, gehören <u>in die Vergangenheit</u>. Für die Blinden <u>verdeutlicht</u> dies einen gewaltigen Fortschritt, nicht nur in Sachen Informationsbeschaffung, <u>als</u> auch in der Teilhabe an kulturellen Entwicklungen.	**Außerdem/Zudem/Im Übrigen** **dass** **als/in denen** **zur Vergangenheit/ der Vergangenheit an** **bedeutet** **sondern**
Mehr <u>wie</u> für alle anderen Menschen bietet das Internet Blinden die Chance der Integration in die Wissens- und Informationsgesellschaft.	**als**

Quelle: http://www.planet-wissen.de/alltag_gesundheit/behinderungen/blinde/blinde_neue_medien.jsp [Stand 28.10.13, verändert]

je 1 Punkt, insgesamt 15 Punkte — 15 P.

Texte sprachlich zu überarbeiten und sie dadurch zu optimieren, das ist eine Aufgabe, die uns im Alltag regelmäßig begegnet. Gefragt ist konzentriertes, genaues, möglicherweise wiederholtes Lesen. Dieses kann immer wieder an selbst formulierten Texten trainiert werden.
In dieser Aufgabe sind die Textstellen, die korrigiert werden sollen, bereits gekennzeichnet. Es geht darum, bessere und grammatikalisch bzw. stilistisch korrekte Formulierungen zu finden.

6 Auswirkungen digitaler Medien

In ihrer Online-Ausgabe veröffentlichte „Die Zeit" am 6. September 2012 eine Diskussion zwischen dem Hirnforscher Manfred Spitzer und dem Medienpsychologen Peter Vorderer. Während Spitzer vor den schädlichen Auswirkungen digitaler Medien in hohem Maße warnt, empfindet Vorderer diese Art der Medienkritik als unberechtigt.

▶ Sie sollen folgende Äußerungen für eine Zusammenfassung des Interviews in der indirekten Rede wiedergeben. Setzen Sie dazu die Verbformen in den Konjunktiv I und die korrekten Pronomen im Lösungsbogen in die Lücken ein. (Hinweis: Eine Umschreibung mit „würde" ist nicht zulässig.)

Manfred Spitzer (Text leicht verändert):

„Ich lege in meinem Buch nur dar, dass der Computergebrauch Nebenwirkungen hat. Bis zu einem Alter von zwei Jahren spielt der Computer für Kinder keine Rolle. Im Vorschul- und Grundschulalter schadet hoher Medienkonsum der Bildung, später kann er zu Computersucht führen. Da gilt es abzuwägen, wie man mit den Bildschirmmedien umgeht."

Peter Vorderer:

„Abwägen ist das Letzte, was Sie in Ihrem Buch tun, Herr Spitzer. Vielmehr schreiben Sie, dass Computer per se schädlich für alle Heranwachsenden sind. Sie sprechen von digitaler Demenz, fordern Eltern und Lehrer auf, Kinder vom Bildschirm fernzuhalten, und behaupten, dass es auf der Welt keine Studie gibt, die den Nutzen des Computers für Kinder und Jugendliche belegt."

6 Auswirkungen digitaler Medien

Indirekte Rede:

Manfred Spitzer behauptete, dass **er** in **seinem** Buch nur die Nebenwirkungen des Computergebrauchs **darlege**. Bis zu einem Alter von zwei Jahren **spiele** der Computer für Kinder keine Rolle. Im Vorschul- und Grundschulalter **schade** hoher Medienkonsum der Bildung, später **könne** er zu Computersucht führen. Den Umgang mit den Bildschirmmedien **gelte** es somit abzuwägen.

Peter Vorderer sagte, Abwägen **sei** das Letzte, was **er** in **seinem** Buch **tue**. Vielmehr **schreibe** **er**, dass Computer per se schädlich für alle Heranwachsenden **seien**. **Er** **spreche** von digitaler Demenz, **fordere** Eltern und Lehrer auf, Kinder vom Bildschirm fernzuhalten, und **behaupte**, dass es auf der Welt keine Studie **gebe**, die den Nutzen des Computers für Kinder und Jugendliche **belege**.

je 1 Punkt, insgesamt 20 Punkte | 20 P.

---

*Da in der Zusammenfassung des Interviews die Statements nicht wörtlich wiedergegeben werden sollen und deshalb keine wörtliche (= direkte) Rede verwendet werden darf, müssen die Aussagen in die indirekte Rede umformuliert werden. Dabei ist zu beachten, dass sich die **Verbform** vom Indikativ (Wirklichkeitsform) zum Konjunktiv (Möglichkeitsform) verändert. Diese darf nicht mit „würde" umschrieben werden, obwohl dies möglich wäre. Die Zeitstufe muss gleich bleiben. Wenn der Konjunktiv I nicht vom Indikativ zu unterscheiden ist, wird der Konjunktiv II verwendet (dies ist oft bei Verben in der 1. oder der 3. Person Plural der Fall). Auch die Pronomen der 1. und 2. Person (ich/mein..., du/dein..., wir/unser..., ihr/euer...) müssen entsprechend angepasst werden.*

Zu den Formulierungen in den Lücken:
- *er -> Änderung des Personalpronomens von der 1. zur 3. Person*
- *seinem -> Änderung des Possessivpronomens von der 1. zur 3. Person*
- *darlege, spiele, schade, könne, gelte, sei -> Konjunktiv I*
- *er -> Änderung des Personalpronomens von der 1. zur 3. Person*
- *seinem -> Änderung des Possessivpronomens von der 1. zur 3. Person*
- *tue, schreibe -> Konjunktiv I*
- *er -> Änderung des Personalpronomens von der 1. zur 3. Person*
- *seien -> Konjunktiv I*
- *Er -> Änderung des Personalpronomens von der 1. zur 3. Person*
- *spreche, fordere, behaupte, gebe, belege -> Konjunktiv I*

7 Multimedia bei Jugendlichen

Die folgende Infografik verdeutlicht die Unterschiede zwischen Mädchen und Jungen bezüglich des Besitzes von Multimediageräten.

▶ Der im Lösungsbogen abgedruckte erklärende Text zur Grafik enthält sechs inhaltliche Fehler (je eine falsche Bezeichnung oder ein falscher Zahlenwert pro Satz). Streichen Sie die fehlerhaften Wörter durch und berichtigen Sie diese, indem Sie die Wörter (komplett!) darüber schreiben. Ein Beispiel ist vorgegeben – finden Sie die anderen **fünf**.

Multimedia: Was Jugendliche besitzen
Zustimmung 12- bis 19-Jähriger in Prozent

Mädchen	Gerät	Jungen
98 %	Handy	95 %
85	Internetzugang	88
84	MP3-Player	78
79	Computer/Laptop	86
72	Digitalkamera	47
67	Radio	59
55	Fernseher	64
52	Tragb. Spielkonsole	53
43	Smartphone	51
38	Feste Spielkonsole	61
27	DVD-Player	26
6	Tablet-PC	8

Stand Mai/Juni 2012
Quelle: JIM-Studie 2012

© Globus 5391

7 Multimedia bei Jugendlichen

Die Infografik beinhaltet Daten der ~~Globus~~-Studie. [JIM] Sie enthält Aussagen zum Besitz von Multimedia-Geräten von ~~Minderjährigen~~. [12- bis 19-Jährigen/Jugendlichen] Dabei wird verdeutlicht, dass die wesentlichen Unterschiede beim Besitz von festen Spielkonsolen und bei ~~PCs/Laptops~~ [Digitalkameras] bestehen. Während prozentual etwas weniger Jungen über ein Handy verfügen, ist Musik die Sache der Mädchen: Sie besitzen häufiger ein Radio und ~~knapp drei Viertel~~ [84 %/mehr als drei Viertel] von ihnen haben einen MP3-Player. Jungen dagegen haben ~~seltener~~ [häufiger] einen eigenen Fernseher. Nur um einen Prozentpunkt unterscheidet sich der Besitz von tragbaren Spielkonsolen und von ~~Smartphones~~. [DVD-Playern]

je 1 Punkt, insgesamt 5 Punkte
keine Punktvergabe, wenn nicht auch das korrekte Wort/der korrekte Zahlenwert darüber geschrieben wurde
Bei mehr als 5 Änderungen: 1 Punkt Abzug pro überzähliger Änderung
niedrigster Endpunktwert ist 0

5 P.

---

*Bei dieser Infografik sollten Sie zunächst alle Angaben und Abbildungen sowie den dazugehörigen, erklärenden Text auf dem Lösungsbogen genau lesen und auswerten, bevor Sie entscheiden können, welche **fünf** Bezeichnungen, Wörter oder Zahlenangaben im Text auf dem Lösungsbogen falsch sind **und** wie sie ausgebessert werden können. Nehmen Sie sich Zeit bei der sorgfältigen Analyse des Materials.*

Die Infografik verdeutlicht die Unterschiede beim Besitz von Multimedia-Geräten bei Mädchen und Jungen im Alter von 12 bis 19 Jahren. Die Balkendiagramme stellen Prozentanteile dar; sortiert wurden die Zahlenwerte absteigend nach den Angaben der Mädchen.

*Nachdem Sie die Informationen mehrmals konzentriert gelesen haben, sollten Sie im erklärenden Text im Lösungsbogen nach Signalwörtern suchen. Auf geht's zur genauen Überprüfung dieses Textes! In der Angabe wird ja schon verraten, dass es gilt, genau **sechs** inhaltliche „Fehler" in den sieben Sätzen zu suchen und dass es **höchstens ein Fehler pro Satz** ist. Für die erfolgreiche Bearbeitung der Aufgabenstellung müssen diese Fehler nun zum einen aufgespürt und durchgestrichen werden, zum anderen müssen die richtigen Wörter bzw. Zahlenwerte auf dem Lösungsbogen darüber geschrieben werden. Im ersten Satz ist als Beispiel schon ein Fehler ausgebessert worden: es handelt sich um eine JIM-, nicht um eine Globus-Studie. Nun verstecken sich noch weitere fünf …*

Der zweite Satz auf dem Lösungsbogen bezieht sich auf das Alter der befragten Jugendlichen. Da es sich um Angaben von 12- bis 19-Jährigen handelt, ist die Bezeichnung „von Minderjährigen" falsch, denn 19-Jährige sind ja bereits volljährig.

*Im dritten Satz geht es um die größten Unterschiede zwischen den Prozentsätzen von Mädchen und Jungen beim Besitz bestimmter Geräte. Diese finden sich bei festen Spielkonsolen und **Digitalkameras** – hier liegen 23 bzw. 25 Prozentpunkte zwischen den Zahlenangaben – und eben nicht bei Computern (PCs)/Laptops, wie im Text beschrieben.*

*Im nächsten Satz befindet sich kein Fehler. Die Lösung für Satz fünf kann man nur finden, wenn man weiß, welchem Prozentsatz der Bruch „knapp drei Viertel" im Text entspricht; das müssten ca. 72 Prozent sein. Da in der Grafik hier aber 84 % der Mädchen angegeben sind, müssen die Wörter im Text mit „**mehr als drei Viertel**" oder eben „**84 %**" ausgebessert werden.*

*Im sechsten Satz geht es um den Besitz von Fernsehgeräten bei Jungen. Da mehr Jungen als Mädchen über einen Fernseher verfügen (64 statt 55 %), muss das Wort „seltener" gegen „**häufiger**" ausgetauscht werden.*

*Der letzte Satz benennt den gleich hohen Unterschied in Prozentpunkten beim Besitz von tragbaren Spielkonsolen und einem anderen Multimedia-Gerät. Bei tragbaren Spielkonsolen beträgt der Unterschied einen Prozentpunkt (Mädchen 52 %, Jungen 53 %). Nun müssen Sie nach einem weiteren Gerät suchen, bei dem der Unterschied lediglich einen Prozentpunkt beträgt: die „**DVD-Player**".*

8 Kinder sicher ins Netz

▶ Der folgende Text informiert über die Initiative „Ein Netz für Kinder", die gemeinsam von Politik, Wirtschaft und Institutionen des Jugendmedienschutzes ins Leben gerufen wurde. Kreuzen Sie auf Ihrem Lösungsbogen für jede der nachfolgenden Aussagen an, ob sie, bezogen auf den Text, richtig, falsch oder nicht zu entnehmen ist.

Text:

Immer noch gibt es zu wenig geeignete Internetseiten für Kinder. Deshalb hat die Beauftragte der Bundesregierung für Kultur und Medien zusammen mit dem Ministerium für Familie, Senioren, Frauen und Jugend die Initiative „Ein Netz für Kinder" ins Leben gerufen. Ein wichtiges Ziel der Initiative ist es, innovative und qualitativ hochwertige Internetangebote für Kinder zu fördern.

Gefördert werden

- Informations-, Bildungs- und Unterhaltungsangebote,
- Angebote zur Förderung der Medienkompetenz,
- altersgerechte interaktive Plattformen und kindersichere Chats sowie
- Maßnahmen zur Verbesserung der Infrastruktur.

Da vor allem auch Integrationsangebote für benachteiligte Kinder fehlen, sollen solche Seiten besonders unterstützt werden.

Die Bundesregierung stellt dafür seit Anfang 2008 bis zu 1,5 Millionen Euro jährlich zur Verfügung.

Neue Finanzierungsmodelle entwickeln

Die Bundesregierung erwartet, dass durch die Initiative eine gemeinsame Plattform für Anbieterinnen und Anbieter kindgerechter Internetseiten entsteht. Sie soll es gerade kleinen und mittleren Anbietern ermöglichen, Geschäftsbeziehungen zum Beispiel zu Internet-Providern aufzubauen und neue Finanzierungsmodelle zu entwickeln. Nach einer einjährigen Förderphase soll Anbietern aus Rentabilitätsgründen gestattet werden, die Seiten auch kommerziell zu verwerten.

Quelle: http://www.bundesregierung.de/Webs/Breg/DE/Bundesregierung/BeauftragtefuerKulturundMedien/medien/medienkompetenz/netzKinder/_node.html (Stand 15.02.2014)

Aussagen zum Text:

1. „Ein Netz für Kinder" möchte Kinder vom Bildschirm fernhalten und ihnen alternative Angebote, z. B. im Bereich Sport, schmackhaft machen.
2. Die neue Plattform soll den Anbietern kindgerechter Seiten u. a. bei der Finanzierung helfen.
3. Chatforen sollen für Kinder leichter zugänglich sein.
4. Die Finanzierung neuer Kinderseiten im Internet soll durch staatliche Förderung und durch kommerzielle Nutzung erfolgen.
5. Seit 2008 wurden von der Bundesregierung für die Initiative 1.500.000 Euro zur Verfügung gestellt.
6. Benachteiligte Kinder sollen insbesondere in den Schulen für das digitale Zeitalter fit gemacht werden.

8 Kinder sicher ins Netz

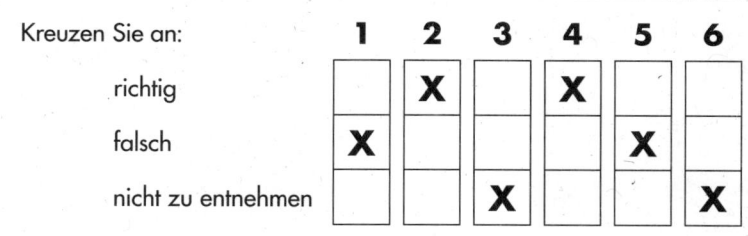

Kreuzen Sie an:

	1	2	3	4	5	6
richtig		X		X		
falsch	X				X	
nicht zu entnehmen			X			X

je 1 Punkt, insgesamt 6 Punkte
kein Punkt für jede Spalte mit mehr als einem Kreuz

6 P.

Hier ist zunächst ein Text aus dem Internetauftritt der Bundesregierung zu studieren, der die Initiative „Kinder sicher ins Netz" vorstellt. Darunter finden Sie sechs Aussagen zum Text; bei jeder dieser Aussagen müssen Sie im Lösungsbogen ankreuzen, ob sie richtig, falsch oder nicht dem Text zu entnehmen ist. Kreuzen Sie auf jeden Fall für jede Aussage eines der Kästchen an, auch wenn Sie sich nicht sicher sind! Wenn Sie mehr als ein Kreuzchen bei einer Aussage machen, erhalten Sie auf diese natürlich keinen Punkt.
Nach mehrmaligem Lesen des Textes sollten Sie auch die sechs Aussagen genau durchgehen und wichtige Wörter, Begriffe oder Zahlen anstreichen. Das erleichtert Ihnen den Vergleich des Inhalts der Aussagen mit dem Text.

Aussage 1 *bezieht sich auf den ersten Abschnitt des Textes: „Ein Netz für Kinder" möchte sinnvolle Internetangebote für Kinder schaffen. Somit ist die Aussage 1 falsch.*
*Für **Aussage 2** findet man die notwendigen Informationen erst am Ende des Textes. Die neue Plattform der Bundesregierung soll kleine und mittlere Anbieter mit neuen Finanzierungsmodellen fördern und u. a. Kontakte zu Providern aufbauen. Somit ist diese Aussage – ebenso wie **Aussage 4** – richtig.*
*Zu **Aussage 3** finden sich keine Informationen im Text, hier also „nicht zu entnehmen" ankreuzen. Es sollen zwar neue Internetangebote wie z. B. kindersichere Chatforen geschaffen werden, über deren Zugänglichkeit wird aber nichts ausgesagt.*
Aussage 5 *verlangt sorgfältiges Lesen: 1,5 Mio. Euro sind im Text erwähnt, aber nicht als Gesamtförderung seit 2008, sondern als jährlicher Förderbetrag. Somit ist diese Aussage falsch.*
*Letztlich erwähnt der Text zwar die Unterstützung für benachteiligte Kinder, aber in welcher Form und an welchem Ort diese Unterstützung durchgeführt werden soll, wird nicht erwähnt. Somit ist die **Aussage 6** ebenfalls falsch.*

9 Texte verbessern

▶ a) Formulieren Sie jeden der folgenden Sätze in ein Satzgefüge um. Ergänzen Sie dazu die Hauptsätze im Lösungsbogen durch einen korrekten, sinngleichen Nebensatz, den Sie aus dem unterstrichenen Teil des jeweiligen Satzes bilden.

1. <u>Trotz der vielen Informationsmöglichkeiten im Internet</u> sind die Fernsehnachrichten für die meisten Deutschen die wichtigste Informationsquelle.

2. Nachrichtenmacher verfügen über ein <u>national und international agierendes</u> Netzwerk.

9 Texte verbessern

a) Ergänzen Sie den fehlenden Nebensatz:

1. Die Fernsehnachrichten sind für die meisten Deutschen die wichtigste Informationsquelle,

    obwohl das Internet viele Informationsmöglichkeiten bietet. (o. Ä.)

2. Nachrichtenmacher verfügen über ein Netzwerk,

    das national und international agiert. (o. Ä.)

je 1 Punkt, insgesamt 2 Punkte
Punktvergabe nur, wenn die Art des gebildeten Nebensatzes korrekt ist

2 P.

---

a) Aus den unterstrichenen Formulierungen muss ein Nebensatz gebildet werden. Dieser wird in der Regel durch eine Konjunktion (ein Bindewort) – je nach Sinnzusammenhang z. B. weil, obwohl, dass, nachdem – oder durch ein Relativpronomen (z. B. der/die/das bzw. welche/r) eingeleitet. Die gebeugte Form des Verbs steht am Ende des Nebensatzes. Die Zeitstufe wird nicht verändert. Bei den vorgegebenen zwei Sätzen bildet im Lösungsbogen der Nebensatz immer den zweiten Teil des neu entstandenen Satzgefüges. Achtung: Es sind vollständige Nebensätze gefragt und keine verkürzten (z. B. mit „um zu")!

Erläuterung zu Satz 1:
Bereits von der Präposition/dem Verhältniswort „trotz" lässt sich ableiten, dass es um einen scheinbaren Widerspruch geht: Einerseits bietet das Internet viele Informationsmöglichkeiten, andererseits sind die Fernsehnachrichten die wichtigste Informationsquelle für die Deutschen. D. h. der Nebensatz muss mit einer „einräumenden" Konjunktion, z. B. „obwohl", „obgleich", beginnen, und dann bleibt nur noch, ein passendes Verb zu finden und den Nebensatz zu formulieren.

▶ b) Ergänzen Sie in dem im Lösungsbogen abgedruckten Text die fehlenden notwendigen Kommas.

b) Ergänzen Sie die fehlenden Kommas:

Krisenberichterstattung

Es gibt Journalisten, die sich auf Katastrophen und Kriege spezialisiert haben und von einem Ausnahmezustand zum nächsten reisen. Viele sind jedoch nur Krisenberichterstatter auf Zeit: Korrespondenten, die regelmäßig aus dem Ausland berichten und natürlich auch dann arbeiten, wenn sich dort eine Krise entwickelt. Manche reizt gerade die Gefahr ihres Berufes, während andere sich für diese Laufbahn entscheiden, weil sie dabei sein wollen, wenn Geschichte geschrieben wird. Viele verstehen es als ihre Aufgabe, den Betroffenen vor Ort eine Stimme zu geben, die weltweit zu hören ist.

Quelle: http://www.planet-wissen.de/kultur_medien/radio_und_fernsehen/krisenberichterstattung/index.jsp [05.01.2014]

Beispiele für Punkteberechnung:			
Beispiel 1		**Beispiel 2**	
Kommas gesetzt	8	Kommas gesetzt	10
zutreffend	6	zutreffend	8
Punktabzug	0	Punktabzug	2
Endpunkte	6	Endpunkte	6

je 1 Punkt, insgesamt 8 Punkte
Bei mehr als 8 Kommas:
1 Punkt Abzug pro überzähligem Komma
(niedrigster Endpunktwert 0)

8 P.

b) *Hier hilft es, jeden Satz in Ruhe einzeln zu betrachten, seinen Sinn zu erfassen und seinen Aufbau zu untersuchen [z. B. Satzgefüge/Satzreihe, verkürzter Nebensatz, Aufzählung, Einschub (Apposition)]. Auch mögliche Atempausen, die man beim Vorlesen machen würde, können das Setzen von Kommas markieren. Vorsicht: Nicht mehr als die vorgegebene Anzahl der gesuchten Kommas eintragen, da sonst Punktabzug droht, d. h. man erhält nicht einmal alle Punkte der richtig gesetzten Kommas.*

▶ c) Verbessern Sie in dem im Lösungsbogen abgedruckten Text die **zwanzig** Rechtschreib- bzw. Grammatikfehler. Streichen Sie die fehlerhaften Wörter durch und berichtigen Sie diese, indem Sie die Wörter (komplett!) in der korrekten Schreibweise gut lesbar darüber schreiben. Ein Beispiel ist vorgegeben.

c) **Entwicklung** des Popradios in Deutschland

Bis in die 70er-Jahre schalteten die Hörer das Radio ganz **gezielt** für eine bestimmte Sendung ein. Auf die **Hitparade** folgte **Klassik**, dann kamen Nachrichten und dann ein Hörspiel. Jeder Hörer hatte so seine Lieblingszeit, aber **keinen** Lieblingssender. Das änderte sich mit der **Einführung** des **Fernsehens**, **das** dem Radio **große Konkurrenz** machte. Die Folgen waren mehr Abwechslung, mehr Nachrichten, anschaulichere **Berichterstattung** und viel Musik. **Man passte** sich den veränderten Hörgewohnheiten an, die Popkultur **erreichte** die Radiowelt. Nach einem Urteil des **Bundesverfassungsgerichts** wurde der Weg für den **privaten** Rundfunk geebnet. Die unterschiedlichen Programme der Öffentlich-Rechtlichen wurden **seitdem** stärker nach Alter und Musikstil **voneinander** abgegrenzt. Um nicht noch mehr **jugendliche** Hörer an die **Privaten** zu verlieren, wurden neben den Pop- auch Jugendwellen **etabliert**.

je 1 Punkt, insgesamt 20 Punkte
keine Punktvergabe, wenn nicht auch das ganze Wort korrekt darüber geschrieben wurde
Bei mehr als 20 Änderungen: 1 Punkt Abzug pro überzähliger Änderung (niedrigster Endpunktwert 0)

20 P.

---

c) *Hier soll wieder ein Text optimiert werden, und zwar durch die Korrektur von Rechtschreib- und Grammatikfehlern. An der Punktezahl kann abgelesen werden, wie viele Fehler gefunden werden müssen. Ein Tipp: Zuerst die sicher erkannten falschen Stellen korrigieren und dann erst die Zweifelsfälle angehen. Zu viele „Korrekturen" führen zu Punktabzug, ebenso das Korrigieren einzelner Buchstaben (und nicht des ganzen Wortes). Zudem sollte auf eindeutige und leserliche Schreibweise (insbesondere groß – klein) geachtet werden, da hier sonst der Punkt nicht gegeben werden kann.*

*Die **Rechtschreibfehler** in einem Text können unterschiedlicher Natur sein: Tippfehler, wie z. B. das Vertauschen, Auslassen oder Verdoppeln einzelner Buchstaben, oder Fehler, die auf mangelnde Kenntnisse der Regeln der deutschen Rechtschreibung zurückzuführen sind, wie z. B. im Bereich der Groß- und Kleinschreibung, der Zusammen- und Getrenntschreibung, der Schreibung (und Herleitung) von Fremdwörtern, der Unterscheidung der „S"- und anderer Laute (d – t, ä – e, i – ie – ieh, f – v, usw.). Gefragt sind nur nach der „neuen" deutschen Rechtschreibung eindeutige Fälle.*

***Grammatikfehler** treten beispielsweise bei der falschen Verwendung der Fälle oder von Einzahl/Mehrzahl auf (z. B. im 3. Satz steht „kein" im falschen Fall, da es sich bei „keinen Lieblingssender" um ein Akkusativobjekt handelt und nicht um ein im Nominativ stehendes Subjekt).*

10 Internetsoziologie

Zum Thema **„Positive Einflüsse des Internets auf die Gesellschaft"** liegen Ihnen eine Stoffsammlung mit sechs Stichpunkten und eine Auflistung von acht Oberbegriffen vor.

▶ Alle Stichpunkte der Stoffsammlung sollen mithilfe von **drei** Oberbegriffen gegliedert werden. Tragen Sie die Kennbuchstaben der drei passenden Oberbegriffe in die Tabelle im Lösungsbogen ein und ordnen Sie diesen jeweils die Kennzahlen der **beiden** dazugehörigen Stichpunkte aus der Stoffsammlung zu. (Hinweis: Kein Stichpunkt darf zweimal zugeordnet werden.)

Stoffsammlung:

1. Enorme Erweiterung der Kommunikationsmöglichkeiten
2. Verbraucherfreundliche Vertriebswege
3. Plattformen mit Materialien und Erfahrungsberichten
4. Schneller Zugriff auf ein internationales Informationsangebot
5. Eigene Wirtschaftsfelder und Arbeitsplätze
6. Möglichkeiten des Knüpfens und Pflegens sozialer Kontakte

Oberbegriffe:

A. Aspekte der medialen Übersättigung
B. Kulturelle Aspekte
C. Ökologische Aspekte
D. Politische Aspekte
E. Aspekte der sozialen Interaktion
F. Ökonomische Aspekte
G. Aspekte der Informationsbeschaffung
H. Psychologische Aspekte

10 Internetsoziologie

Tragen Sie die Kennbuchstaben der Oberbegriffe und die Kennzahlen der zugehörigen Stichpunkte ein:

Oberbegriffe	Stichpunkte
E	1, 6
F	2, 5
G	3, 4

pro Zeile jeweils 3 Punkte, wenn genau zwei passende Stichpunkte zu genau einem richtigen Oberbegriff zugeordnet wurden
pro Zeile 0 Punkte bei nicht vollständig korrekter Lösung
Reihenfolge beliebig, insgesamt 9 Punkte

9 P.*

Laut Aufgabenstellung erfüllen drei der sechs genannten Oberbegriffe die Vorgabe, dass ihnen jeweils zwei Stichpunkte der Stoffsammlung zugeordnet werden können (Achtung: keinen Stichpunkt doppelt zuordnen, sonst Punktabzug).

Zur Lösung der Aufgabe bieten sich zwei Wege an: Entweder Sie gehen von den Stichpunkten aus, sortieren die zusammengehörigen paarweise und ordnen dann den jeweils passenden Oberbegriff zu oder Sie probieren für jeden der aufgelisteten Oberbegriffe aus, ob Sie zwei unterzuordnende Stichpunkte finden.

11 Internet unterwegs

▶ Betrachten Sie die folgende Infografik zur Internetnutzung unterwegs. Entnehmen Sie der Grafik die zutreffenden Informationen zur Ergänzung der Lücken im unten stehenden Text und tragen Sie die Begriffe/Zahlen im Lösungsbogen ein.

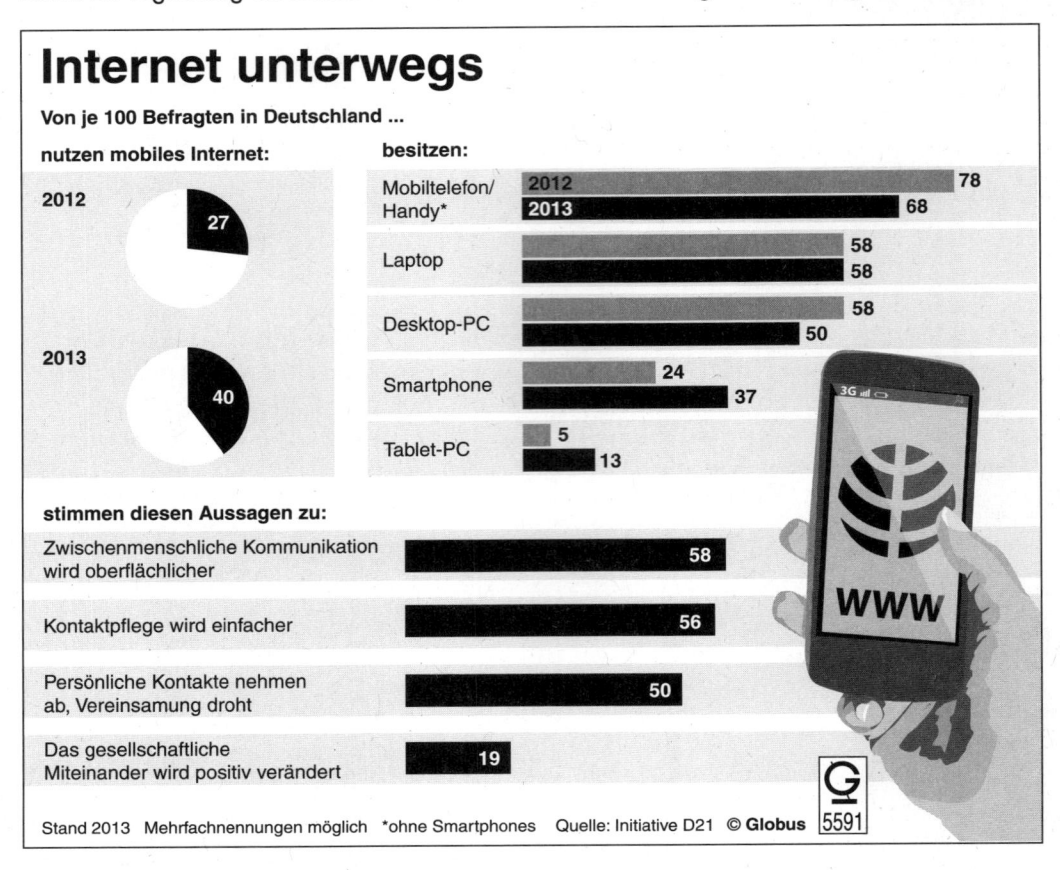

Internet unterwegs

Von je 100 Befragten in Deutschland ...

nutzen mobiles Internet:
- 2012: 27
- 2013: 40

besitzen:
Gerät	2012	2013
Mobiltelefon/Handy*	78	68
Laptop	58	58
Desktop-PC	58	50
Smartphone	24	37
Tablet-PC	5	13

stimmen diesen Aussagen zu:
- Zwischenmenschliche Kommunikation wird oberflächlicher: 58
- Kontaktpflege wird einfacher: 56
- Persönliche Kontakte nehmen ab, Vereinsamung droht: 50
- Das gesellschaftliche Miteinander wird positiv verändert: 19

Stand 2013 Mehrfachnennungen möglich *ohne Smartphones Quelle: Initiative D21 © Globus 5591

Text:

Nach den neuesten Zahlen, die die Initiative D21 im Jahr ____(1)____ ermittelt hat, ist der Anteil der Befragten, die ein Smartphone besitzen, gegenüber dem Vorjahr um ____(2)____ Prozentpunkte gestiegen, und nur noch 68 Prozent der Befragten besitzen ein ____(3)____. Im Vergleichszeitraum hat sich bei den Befragten der Besitz von ____(4)____ mehr als verdoppelt und ist die Veränderung beim Besitz von Mobiltelefonen/Handys ____(5)____ als bei den Tablet-PCs. Mehr als die Hälfte von ihnen stimmen der These zu, dass die Kommunikation zwischen den Menschen ____(6)____ wird.

11 Internet unterwegs

Tragen Sie die gesuchten Begriffe/Zahlen ein:

(1) **2013**

(2) **13**

(3) **Mobiltelefon/Handy**

(4) **Tablet-PCs**

(5) **größer**

(6) **oberflächlicher**

je 1 Punkt, insgesamt 6 Punkte | 6 P.

Verschaffen Sie sich zuerst einen Überblick über die Angaben in der Infografik (siehe Tipps auf Seite 13). Sämtliche Zahlenangaben im Kreisdiagramm und in den beiden Balkendiagrammen sind Prozentsätze – das erkennt man am Untertitel „Von je 100 Befragten…". Wenn man die unterschiedlichen Antworten je Diagramm zusammenzählt, erhält man mehr als 100 %. Dies ist nur möglich, weil Mehrfachnennungen möglich waren (siehe Information am unteren Rand der Infografik).

*Dort findet sich auch die Antwort für **Lücke 1**: Im Jahr 2013 wurden die Angaben ermittelt, das Vorjahr ist also 2012. Diese Information benötigt man zur Beantwortung von **Lücke 2**: Im oberen rechten Balkendiagramm stehen bei „Smartphone" die Prozentsätze 24 für 2012 und 37 für 2013, das sind 13 Prozentpunkte mehr. Bei **Lücke 3** ist im Satz eine Prozentangabe vorgegeben, nämlich 68 %. Im Jahr 2013 besaßen nur noch 68 % ein „Mobiltelefon/Handy". Dieser Rückgang hängt sicherlich mit der Zunahme der Smartphones zusammen. Für **Lücke 4** muss man nun im selben Balkendiagramm nachsehen, bei welchem Multimedia-Gerät sich die Besitzerzahlen mehr als verdoppelt haben: Das sind die Tablet-PCs mit 5 % für 2012 und 13 % für 2013. Eine Verdoppelung (also 100 % mehr) wären schon 10 % gewesen, deshalb ist „mehr als verdoppelt" der Hinweis auf diese Geräte. Beim Vergleich der Prozentsätze ergeben sich acht Prozentpunkte Zuwachs. Dagegen hat sich der Besitz von Handys um 10 Prozentpunkte verringert. Deshalb muss bei **Lücke 5** „größer" eingesetzt werden. Eine Aussage zur Kommunikation für **Lücke 6** findet man im unteren Balkendiagramm. Mehr als die Hälfte der Befragten finden, dass die Kommunikation zwischen den Menschen „oberflächlicher" wird; deshalb muss dieses Wort in die Lücke eingesetzt werden.*

12 Mobile Internetnutzung in Europa

Die folgende Grafik informiert über die mobile Internetnutzung in weiten Teilen Europas. Sie ordnet die untersuchten Länder drei verschiedenen Bereichen (siehe „Legende der Landkarte") zu.

▶ Kreuzen Sie im Lösungsbogen an, ob die folgenden Aussagen zur Infografik richtig, falsch oder der Infografik nicht zu entnehmen sind.

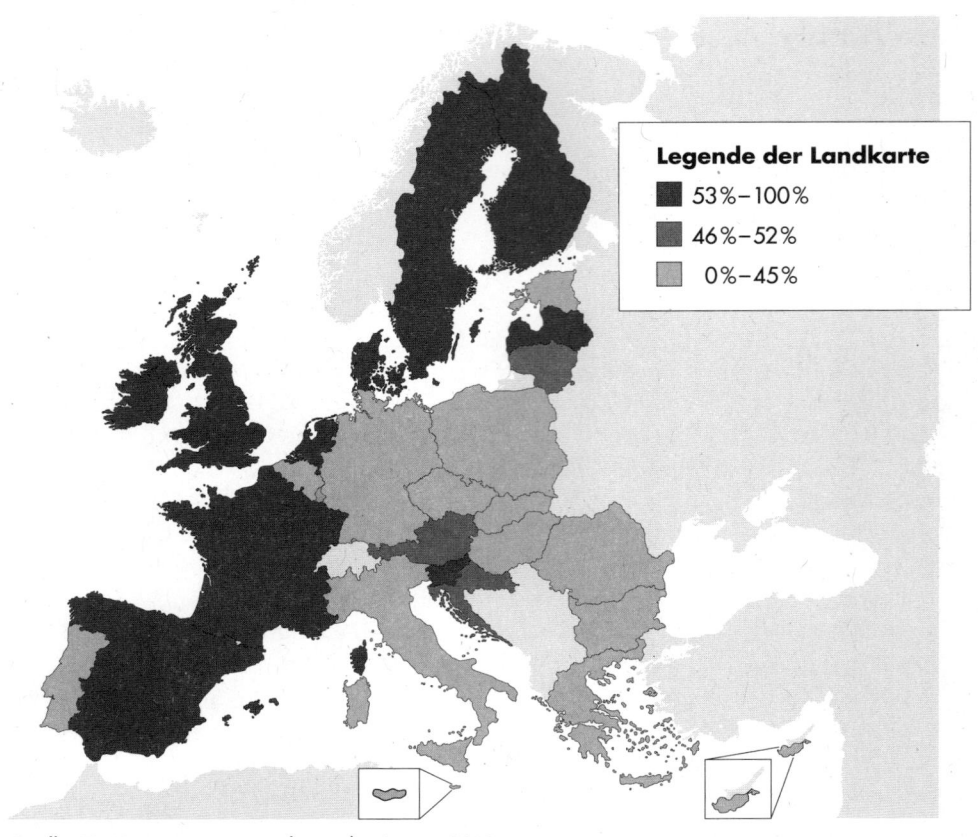

Legende der Landkarte
- 53% – 100%
- 46% – 52%
- 0% – 45%

Quelle: EU-Kommission; www.heise.de; August 2013

01 Alle skandinavischen Staaten sind in der mobilen Internetnutzung Deutschland voraus.

02 Auf der Karte sind die Umrisse aller europäischen Staaten zu sehen.

03 Grönland ist in der Infografik abgebildet.

04 In der Schweiz sind es unter 45 Prozent der Befragten, die auf das Internet zugreifen.

05 Die mobile Internetnutzung auf der Insel Korsika liegt im Bereich derjenigen auf dem französischen Festland.

06 Auf Mallorca griffen 2013 über 50 Prozent der Befragten auf das mobile Internet zu.

07 Die mobile Internetnutzung in Griechenland liegt im Bereich von Deutschland.

08 Die mobile Internetnutzung in Lettland liegt im Bereich von Irland.

09 In Portugal liegt die Zahl derer, die per Computer täglich auf das Internet zugreifen, bei unter 45 Prozent.

10 Die Abbildung zeigt den Verbreitungsgrad von Smartphones auf dem europäischen Kontinent.

11 In Polen stieg die mobile Internetnutzung in den letzten Jahren weniger an als in Österreich.

12 Frankreich nimmt bei der mobilen Internetnutzung mittlerweile eine Spitzenposition in Europa ein, weil dort in den letzten Jahren gezielte Infrastrukturmaßnahmen durchgeführt wurden.

12 Mobile Internetnutzung in Europa

Kreuzen Sie an:	01	02	03	04	05	06	07	08	09	10	11	12
richtig					X	X	X	X				
falsch		X	X							X		
nicht zu entnehmen	X			X					X		X	X

je 1 Punkt, insgesamt 12 Punkte
kein Punkt für jede Spalte mit mehr als einem Kreuz

12 P.

*Ein Schaubild liefert Informationen, indem es Zahlen und Werte verbildlicht. Wer eine Infografik analysieren will, sollte zuerst einmal konzentriert und ganz genau lesen und sich, bevor er im Lösungsbogen Kreuzchen setzt, einen Überblick über den Inhalt bzw. Gegenstand des Schaubildes verschaffen (Titel, dargestellter Sachverhalt, Form der Darstellung, Legende u. a.). Die vorliegende Grafik informiert z. B. über die Verbreitung der Internetzugänge per **Mobiltelefon** in der Europäischen Union, also über die **mobile** Internetnutzung in weiten Teilen Europas. Die Legende ordnet die untersuchten Länder nach ihrem prozentualen Nutzungsanteil drei Bereichen zu. Wer sich diese Sachverhalte bewusst macht, alle europäischen Staaten sicher verorten kann und einen Überblick über die derzeitigen EU-Mitgliedstaaten (EU-28) hat, wird mühelos entscheiden können, welche der Aussagen zur Abbildung richtig, falsch oder nicht enthalten sind.*

13 Zukunft des Datenverkehrs

Die folgende Grafik informiert über das Datenvolumen, das gemäß Schätzungen künftig weltweit übertragen wird.

▶ Kreuzen Sie im Lösungsbogen die jeweils zutreffende Aussage an.

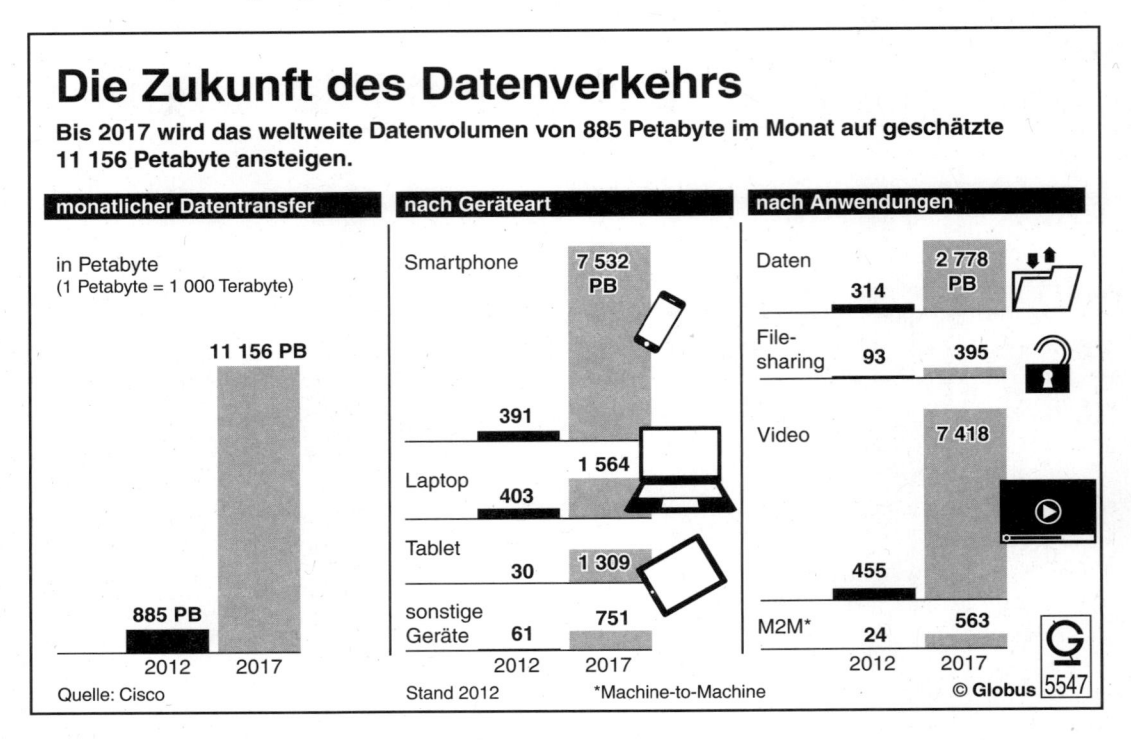

Die Zukunft des Datenverkehrs

Bis 2017 wird das weltweite Datenvolumen von 885 Petabyte im Monat auf geschätzte 11 156 Petabyte ansteigen.

monatlicher Datentransfer
in Petabyte (1 Petabyte = 1 000 Terabyte)
- 2012: 885 PB
- 2017: 11 156 PB

Quelle: Cisco

nach Geräteart (Stand 2012 / 2017)
- Smartphone: 391 / 7 532 PB
- Laptop: 403 / 1 564
- Tablet: 30 / 1 309
- sonstige Geräte: 61 / 751

nach Anwendungen (2012 / 2017)
- Daten: 314 / 2 778 PB
- Filesharing: 93 / 395
- Video: 455 / 7 418
- M2M*: 24 / 563

*Machine-to-Machine
© Globus 5547

1
a) 885 Petabyte entsprechen 8,85 Terabyte.
b) 1 Petabyte entspricht 1.000.000.000 Byte.
c) 885.000 Terabyte entsprechen 885 Petabyte.

2
a) Der monatliche Datenaustausch steigt bis 2017 um mehr als 1.000 %.
b) Bis zum Jahr 2017 sollen jährlich 885 PB im Datentransfer hinzukommen.
c) Der Datentransfer pro Monat soll sich bis 2017 ungefähr verzehnfachen.

3
a) Über PCs werden im Jahr 2017 vermutlich 1.564 PB pro Monat übertragen.
b) Die meisten Daten werden im Jahr 2017 wohl über Smartphones transferiert.
c) Bereits im Jahr 2012 steht der Datentransfer über Smartphones an erster Stelle.

4
a) Den prozentual größten Anstieg soll es bei der Übertragung von Videos geben.
b) Den prozentual größten Anstieg soll es beim automatisierten Informationsaustausch zwischen Maschinen, Automaten etc. geben.
c) Den prozentual größten Anstieg soll es beim Filesharing geben.

Die Prüfungsaufgaben für das Einstellungsjahr 2015

13 Zukunft des Datenverkehrs

Kreuzen Sie die Kennbuchstaben der zutreffenden Aussagen an:

	1	2	3	4
a)		X		
b)			X	X
c)	X			

je 1 Punkt, insgesamt 4 Punkte
kein Punkt für jede Spalte mit mehr als einem Kreuz

4 P.

Bei dieser Infografik sollten Sie zunächst alle Angaben genau lesen und auswerten, bevor Sie entscheiden, welche der drei Aussagen je Aufgabennummer zutreffend sind.
In dieser etwas unübersichtlichen Infografik werden drei Teilbereiche in Säulendiagrammen dargestellt: Links der monatliche Datenverkehr und dessen Entwicklung, in der Mitte die dabei verwendete Geräteart und rechts die angewandten Anwendungen. Verglichen werden jeweils die Zahlen für 2012 (dunkle Säulen) mit den Schätzwerten für 2017 (helle Säulen). Nun kann die Infografik mithilfe der Aussagen weiter „entschlüsselt" werden. Für die erfolgreiche Bearbeitung der Aufgabenstellung sollten Sie nun zum einen falsche Aussagen aufspüren und durchstreichen, zum anderen richtige Aussagen abhaken. Lassen Sie sich dabei nicht von den unterschiedlichen Größenangaben hereinlegen.

1. *Liest man die Angaben der Infografik sorgfältig, entdeckt man beim ersten Teilbereich die Information, dass 1 Petabyte 1.000 Terabyte entspricht. Dieses Wissen hilft beim Herausfinden der richtigen Lösung zu Nummer 1: Da Terabyte die kleinere Größe ist, ist **Aussage c** richtig und im Lösungsbogen anzukreuzen.*
2. *Beim gleichen Teilbereich findet man die Lösung für Nummer 2: Der Datentransfer, also der Datenaustausch, steigt von 885 auf 11.156 PB an. 100 % wären weitere 885 PB, 1000 % also 8.850 PB zusätzlich. Da der Anstieg geschätzt 11.156 PB beträgt, ist **Aussage a** richtig.*
3. *Diese Aussagen beziehen sich auf den zweiten Teilbereich. Hier findet man bei Aussage a zwar den angegebenen Wert von 1.564 PB, dieser bezieht sich aber auf Laptops und nicht auf PCs. Somit ist diese Aussage falsch. Der Datentransfer per Smartphone nimmt rasant zu, allerdings standen 2012 noch die Laptops beim Transfer an erster Stelle, also ist Aussage c auch falsch und **Aussage b** richtig.*
4. *Hier, beim Teilbereich drei, sind gute Kopfrechner und Schätzer gefragt: Auf den ersten Blick scheint Aussage a richtig zu sein. Nun schätzen wir die Zunahme ausgehend vom Ausgangswert genauer ein. Bei Daten beträgt die Zunahme weniger als das Zehnfache, beim Filesharing ebenfalls. Also muss eine der beiden zuletzt abgebildeten Anwendungen richtig sein. Bei Videos beträgt die Zunahme fast das Zwanzigfache, bei M2M aber weit mehr als das Zwanzigfache. Da nach dem prozentualen Zuwachs und nicht nach der Zunahme in PB gefragt wird, ist also **Aussage b** richtig.*

14 Vorratsdatenspeicherung

▶ Die nachfolgende Grafik informiert über die Planungen zur Vorratsdatenspeicherung, bevor der EuGH die betreffende EU-Richtlinie wegen Verstoßes gegen Grundrechte der Bürger für ungültig erklärte. Überprüfen Sie, welche der Aussagen zur folgenden Infografik „Vorratsdatenspeicherung: Was ist geplant?" richtig und welche falsch sind. Tragen Sie Ihr Ergebnis in den Lösungsbogen ein.

Vorratsdatenspeicherung: Was ist geplant?

Eine EU-Richtlinie* verpflichtet die Telekommunikationsunternehmen in den Mitgliedstaaten, Verbindungsdaten von Bürgern zu speichern. Laut einem EU-Gerichtsgutachten verstößt dies jedoch gegen EU-Recht.

Welche Daten sollen gespeichert werden?

Telefonate
- beteiligte Rufnummern
- Name und Anschrift der Teilnehmer
- Datum und Uhrzeit des Gesprächs
- Dauer des Gesprächs
- *bei Handygesprächen zusätzlich:* Standort des Anrufers bei Gesprächsbeginn, Verbindungsdaten bei SMS

Internet
- IP-Adresse
- Datum und Uhrzeit der Nutzung
- Dauer der Verbindung

E-Mail
- Adressen
- Ein- und Ausgangsdaten
- An- und Abmeldedaten beim E-Mail-Anbieter

Nicht gespeichert werden
- Inhalte der Kommunikation (z. B. Gespräche, Internetseiten, E-Mail-Texte)

Wie lange werden die Daten gespeichert?
- Telekommunikationsunternehmen sollten die Daten laut EU-Richtlinie mindestens sechs Monate lang speichern

Wer hat Zugriff auf die Daten?
- Polizei und Staatsanwaltschaft, aber nur nach einem richterlichen Beschluss

Quelle: EU-Kommission   *2006/24/EG   © Globus 6153

1. Bei Festnetztelefonaten sollen weniger Daten gespeichert werden als bei Handytelefonaten.
2. In der geplanten EU-Richtlinie wird verlangt, dass die Mitteilungstexte in E-Mails gespeichert werden.
3. Jeder Telefonnutzer muss seine Verbindungsdaten speichern.
4. Bei Telefonaten sollen u. a. die Adressen der Gesprächsteilnehmer gespeichert werden.
5. Die Regelungen der geplanten EU-Richtlinie betreffen auch die Inhalte der Kommunikation.
6. Die Ermittlungsbehörden können im Fall eines Strafverfahrens jederzeit auf die gespeicherten Daten zugreifen.
7. Daten aus Telefonaten sollen maximal ein halbes Jahr gespeichert werden.
8. Die Regelungen der geplanten EU-Richtlinie müssten in allen europäischen Ländern umgesetzt werden.
9. Die Daten der Infografik stammen von Globus.

14 Vorratsdatenspeicherung

Kreuzen Sie an:

	1	2	3	4	5	6	7	8	9
richtig	X			X	X				
falsch		X	X			X	X	X	X

je 1 Punkt, insgesamt 9 Punkte
kein Punkt für jede Spalte mit mehr als einem Kreuz

9 P.

Die Infografik beantwortet drei Fragen zur Vorratsdatenspeicherung. Jede Antwort wird mit Abbildungen veranschaulicht und mit informativen Details aufgewertet.

Da es um genaues Lesen geht, ist es hilfreich, mit einem Textmarker wichtige Informationen anzustreichen, damit Sie nicht bei jeder Aussage wieder die gesamte Infografik durchgehen müssen. Für die erfolgreiche Bearbeitung der Aufgabenstellung sollten Sie nun zum einen falsche Aussagen aufspüren und durchstreichen, zum anderen richtige Aussagen abhaken.

1 *Informationen zu dieser Aussage finden wir bei der Abbildung des Handys. Beim Unterpunkt 5 (rechts) steht, dass bei Handytelefonaten zusätzliche Daten gespeichert werden sollen. Aussage 1 ist also richtig.*
2 *Bei der Abbildung des Briefumschlags steht bei E-Mails nichts von der Speicherung der Mitteilungstexte, also ist diese Aussage laut Grafik falsch.*
3 *Der Einleitungstext verrät, dass nicht die Nutzer, sondern die Telekommunikationsunternehmen die Daten speichern sollen. Also ist die Aussage 3 falsch.*
4 *Bei der Abbildung des Handys steht, dass u. a. die Anschriften, also die Adressen der Teilnehmer gespeichert werden sollen, also ist die Aussage 4 richtig.*
5 *In der Mitte der Infografik steht, dass die Inhalte laut EU-Richtlinie nicht gespeichert werden. Also betreffen die Regelungen auch die Inhalte. Diese Aussage ist richtig.*
6 *Aussage 6 ist falsch, da ein richterlicher Beschluss für diesen Zugriff erforderlich wäre. Dies steht rechts unten in der Infografik.*
7 *Links unten steht, dass die Daten mindestens 6 Monate lang gespeichert werden sollen, also ist diese Aussage falsch.*
8 *In der ersten Textzeile der Einleitung steht, dass die EU-Richtlinie die Mitgliedsstaaten (zurzeit 28 Staaten) zur Vorratsdatenspeicherung verpflichten soll. Es gibt aber noch weitere 22 europäische Staaten, die nicht EU-Mitglied sind. Also ist diese Aussage falsch.*
9 *Globus hat die Infografik erstellt, die Daten stammen aber von der EU-Kommission (siehe links unten: „Quelle: …"). Also ist auch diese Aussage falsch.*

15 Meldungen aus Online-Redaktionen

▶ Ergänzen Sie die Lücken in den folgenden drei Meldungen von Online-Redaktionen, indem Sie den Lösungsbogen bei den jeweiligen Kennbuchstaben vervollständigen.

Meldung 1 (www.wikipedia.de – verändert):

Die XXII. Olympischen Winterspiele fanden statt vom 7. bis 23. Februar 2014 in ___A___, in einer Stadtregion mit 330.000 Einwohnern am ___B___ Meer, an der „___C___ Riviera", einer Region, die nach dem Staat benannt ist, in dem sie liegt.

Meldung 2 (www.spiegel.de – verändert):

Die Krise in ___D___ hat sich nach der Absetzung von Staatspräsident Wiktor Janukowitsch zunächst zunehmend von der Hauptstadt ___E___ auf die Halbinsel ___F___ im Süden des Landes verlagert.

Meldung 3 (www.abendblatt.de – verändert):

Es war eine hauchdünne, aber gültige Entscheidung beim Referendum über die Begrenzung der Zuwanderung in der ___G___. Mit Ja votierten 50,34 Prozent der Stimmbürger. In der dortigen Hauptstadt ___H___ hieß es, dass der Entscheid weitreichende Folgen habe für die wirtschaftlichen Beziehungen zur ___I___, von der schließlich ca. 80 Prozent der Importe bezogen werden.

16 Medien und Politik

Bei einer Informationsveranstaltung zum Thema „Medien und Politik" wurden Behauptungen und Begründungen mitnotiert.

▶ Ordnen Sie im Lösungsbogen den Behauptungen jeweils den Kennbuchstaben der inhaltlich zutreffenden Begründung zu.

Behauptungen:

1 Medien sollen grundlegende Funktionen für politische Systeme erfüllen.

2 Die Nachrichtenauswahl wird bisweilen durch die persönlichen Merkmale, Einstellungen und Meinungen der Journalisten beeinflusst.

3 Politische Funktionen der Medien folgen dem fortschreitenden Trend der Kommerzialisierung.

4 Medien tragen eine Mitschuld an der Politikverdrossenheit innerhalb der Bevölkerung.

5 Medien besitzen eine Kontrollfunktion über das politische System.

Begründungen:

A Massenmedien helfen bei der Aufdeckung von Missständen und Amtsmissbrauch.

B Durch die Bevorzugung von Skandalen und Konflikten bei der Informationsauswahl tragen Medien zu einer Entfremdung zwischen Bürger und politischem System bei.

C In Demokratien wird von Medien erwartet, dass sie die Bürger zutreffend unterrichten, durch Kritik und Diskussion zu deren Meinungsbildung beitragen und damit Partizipation ermöglichen.

D Zugunsten der Verkaufszahlen bzw. Einschaltquoten werden politische Inhalte zunehmend durch unterhaltende Formate vermittelt.

E Journalisten neigen mitunter dazu, Informationen, die mit ihren Überzeugungen übereinstimmen, zu betonen und Informationen, die gegen diese sprechen, herunterzuspielen.

15 Meldungen aus Online-Redaktionen

Tragen Sie die gesuchten Begriffe ein:

Meldung 1:

A Sotschi

B Schwarzen

C russischen

Meldung 2:

D der Ukraine

E Kiew

F Krim

Meldung 3:

G Schweiz

H Bern

I EU

je 1 Punkt, insgesamt 9 Punkte — 9 P.

Diese Frage prüft vor allem Allgemeinwissen zum Zeitgeschehen bzw. geographisches Grundwissen. Als Vorbereitung auf die Prüfung sollte gezielt mit dem Atlas gearbeitet werden. Es empfiehlt sich, regelmäßig die aktuellen Informationen zum weltweiten Tagesgeschehen in den Medien zu verfolgen und bedeutende Geschehnisse bzw. politische und gesellschaftliche Brennpunkte auf einer Weltkarte zu verorten, denn Aufgabenformate dieser Art verlangen fundierte topographische Kenntnisse und eine gute räumliche Vorstellung von Europa und der Welt.

16 Medien und Politik

Tragen Sie den jeweiligen Kennbuchstaben an der richtigen Stelle ein:

Behauptung	1	2	3	4	5
Begründung	C	E	D	B	A

je 1 Punkt für jeden Buchstaben im richtigen Feld, insgesamt 5 Punkte — 5 P.

Hier ist bei jeder Behauptung die Frage zu stellen: Warum ist das so? Eine Antwort darauf findet sich jeweils in einer der aufgelisteten Begründungen.

17 E-Books

Als E-Books werden elektronische Bücher im Dateiformat bezeichnet, die mit Hilfe eines Lesegeräts (z. B. E-Book-Reader, Tablet-PC oder Smartphone) verwendet werden können.

In einem Artikel eines Computermagazins empfehlen Sie die Mitnahme dieses neuen Mediums, wenn man unterwegs ist. Sie argumentieren mit alltäglich-praktischen Vorzügen für den Verbraucher im Vergleich zu herkömmlichen Büchern.

▶ Formulieren Sie hierzu **eine Behauptung, begründen Sie diese** schlüssig und belegen Sie diese mit **einem** überzeugenden Beispiel.

Achten Sie auf eine fehlerfreie Sprache, eine abwechslungsreiche Wortwahl und eine ansprechende äußere Form.

18 Wahlperioden

▶ In unserer Demokratie wird politische Verantwortung nur auf Zeit vergeben. Tragen Sie bei dem jeweiligen Kennbuchstaben im Lösungsbogen die Zahl der Jahre der grundsätzlichen Mandatsdauer der Gewählten oder der regulären Wahlperiode ein.

A Mitglied des Europäischen Parlaments

B Mitglied des Bayerischen Landtags

C Mitglied des Deutschen Bundestages

D Erste Bürgermeisterin/Erster Bürgermeister in einer kreisangehörigen Gemeinde in Bayern

17 E-Books

Inhalt:

Das Argument muss
- sich auf die vorgegebene Situation beziehen (Unterwegssein mit dem E-Book),
- eine stichhaltige Begründung, veranschaulicht durch ein passendes Beispiel, liefern,
- logisch und folgerichtig sein.

Sprache:
- Satzbau weitgehend fehlerfrei
- Wortwahl abwechslungsreich
- Sprachniveau angemessen/situationsgerecht

Bei einer **Themaverfehlung** ist die Aufgabe mit **0 Punkten** zu bewerten. In diesem Fall keine Punktvergabe auf Sprache/Rechtschreibung.

Inhalt: maximal 9 Punkte (Behauptung, Begründung, Beispiel: jeweils 3 Punkte)
Sprache und Rechtschreibung: maximal 3 Punkte
insgesamt 12 Punkte

12 P.

Voraussetzung zum Lösen dieser Aufgabe sind Kenntnisse über den Aufbau eines Arguments. Dieses besteht immer aus einer Behauptung, einer dazu passenden Begründung und einem erläuternden Beispiel.
*In dieser Aufgabe wird **ein** Argument (nicht mehrere) verlangt, das sich aus der beschriebenen vorgegebenen Situation ableitet, d. h. es geht konkret geht um die Empfehlung, ein E-Book anstelle von Büchern mitzunehmen, wenn man unterwegs ist. Die Behauptung muss sich also auf diesen Aspekt beziehen, was ausschließt, im Argument auf weitere Vorteile von E-Books einzugehen.*

18 Wahlperioden

Tragen Sie Ihre Lösung ein:

Funktion	A	B	C	D
Jahre	5	5	4	6

je 1 Punkt, insgesamt 4 Punkte

4 P.

In der Regel liegt die Mandatsdauer für die angegebenen zu Wählenden zwischen vier und sechs Jahren. Die kommunale Mandatsdauer ist mit sechs Jahren die längste. Die Legislaturperiode des Bayerischen Landtags beträgt seit der Landtagswahl 1998 fünf Jahre. Davor wurde der Landtag für jeweils vier Jahre gewählt. Diese Dauer gilt weiterhin für den Deutschen Bundestag, während das Europäische Parlament seit der ersten Europawahl 1979 eine fünfjährige Wahlperiode vorsieht.

19 Wahlen im Freistaat Bayern

▶ Nicht nur ein Mal wurden die Wählerinnen und Wähler in Bayern in der **ersten Jahreshälfte 2014** zu den Wahlurnen gerufen. Kreuzen Sie im Lösungsbogen bei den jeweiligen Kennzahlen an, welche der genannten Ämter bzw. Institutionen dabei unmittelbar gewählt werden konnten („ja") und welche nicht („nein").

01 Wahl zur Ministerpräsidentin/zum Ministerpräsidenten des Freistaats Bayern
02 Wahl zum Europäischen Parlament
03 Wahl der Landrätin/des Landrats
04 Wahl der Bundespräsidentin/des Bundespräsidenten
05 Wahl zum Bayerischen Senat
06 Wahl des Bezirkstags in den bayerischen Bezirken
07 Wahl der Oberbürgermeisterin/des Oberbürgermeisters einer kreisfreien Stadt
08 Wahl des Kreistags in einem Landkreis
09 Wahl der Europäischen Kommission
10 Wahl zum Deutschen Bundestag
11 Wahl zum Bundesrat
12 Wahl des Gemeinderats

20 Der derzeitige Bayerische Landtag

▶ Bestimmen Sie für die Lücken im folgenden Text jeweils die zutreffende Zahl aus der nachfolgenden Auswahlliste. Tragen Sie Ihr Ergebnis bei dem jeweiligen Kennbuchstaben im Lösungsbogen ein.

Text:

Der derzeitige Bayerische Landtag ist der 17. seit dem Neubeginn nach der nationalsozialistischen Diktatur. Die erste Wahl zum Landtag nach dem Krieg fand __A__ statt. Der nunmehr 17. Landtag wurde von den Wahlberechtigten im Freistaat im Jahr __B__ gewählt. Die Anzahl seiner Abgeordneten beträgt __C__. Im 17. Landtag sind __D__ Fraktionen vertreten.

Auswahlliste:

A 1946 – 1947 – 1949 – 1951
B 2011 – 2012 – 2013 – 2014
C 98 – 180 – 367 – 631
D 3 – 4 – 5 – 6

19 Wahlen im Freistaat Bayern

Kreuzen Sie an:

	01	02	03	04	05	06	07	08	09	10	11	12
ja		X	X				X	X				X
nein	X			X	X	X			X	X	X	

je 1 Punkt, insgesamt 12 Punkte
kein Punkt für jede Spalte mit mehr als einem Kreuz

12 P.

Der Überblick über die im Prüfungsjahr stattgehabten Wahlen in Kombination mit Grundwissen zum Prinzip, dass alle Staatsgewalt vom Volke ausgeht und dieses sie mittels Wahlen und Abstimmungen ausübt (vgl. Grundgesetz Art. 20 Abs. 2), sind hier der „Lösungsschlüssel".

20 Der derzeitige Bayerische Landtag

Tragen Sie die zutreffenden Informationen ein:

A 1946

B 2013

C 180

D 4

je 1 Punkt, insgesamt 4 Punkte

4 P.

Am 15. September 2013 wurde der 17. Landtag nach dem Zweiten Weltkrieg von den Wahlberechtigten im Freistaat gewählt. Der erste, drei Jahre vor der Gründung der Bundesrepublik Deutschland, wurde am 1. Dezember 1946 zusammen mit der Abstimmung über die neue Bayerische Verfassung gewählt. Seit 2013 hat der Landtag 180 Mitglieder, zuvor waren es 187. Vier Fraktionen sind im 17. Landtag vertreten. Diese Aufgabenart aus der Kategorie aktuelles politisches Allgemeinwissen ist in den Auswahlprüfungen häufig vertreten. Tipp: In der Prüfungsvorbereitung aktuelle Infos z. B. über die gesetzgebenden Institutionen zusammenstellen.

21 Wahlrecht in Bayern

▶ Nachfolgend finden Sie verschiedene Aussagen zum Wahlrecht in Bayern. Kreuzen Sie im Lösungsbogen an, welche davon zutreffen und welche nicht.

1 Bei den Gemeinde- und Landkreiswahlen hat jede Wählerin/jeder Wähler zwei Stimmen, die so genannte Erst- und die Zweitstimme. Mit der Erststimme wird die Stimmkreiskandidatin/der Stimmkreiskandidat nach dem Mehrheitswahlprinzip, mit der Zweitstimme die Parteiliste nach dem Verhältniswahlprinzip gewählt.

2 Bei den Gemeinde- und Landkreiswahlen hat jede Wählerin/jeder Wähler die Möglichkeit, die Stimmen zu panaschieren und zu kumulieren.

3 Unter „Panaschieren" versteht man bei einer Wahl mit Personen-Mehrstimmenwahlsystem das Verteilen mehrerer verfügbarer Stimmen durch die Wählerin/den Wähler auf Kandidatinnen/Kandidaten unterschiedlicher Wahllisten. Die Stimmen werden dann bei der Auszählung anteilsmäßig an die beteiligten Listen verteilt.

4 Das Verhältniswahlprinzip besagt, dass die Kandidatin/der Kandidat gewählt ist, die/der die meisten Stimmen erhalten hat.

5 Panaschieren ist ein mögliches Detail der Stimmgebung bei offenen Listen und tritt bei den Gemeinde- und Landkreiswahlen nicht mit der sonst häufigen Möglichkeit zum Kumulieren auf.

21 Wahlrecht in Bayern

Kreuzen Sie an:

	1	2	3	4	5
zutreffend		X	X		
nicht zutreffend	X			X	X

je 1 Punkt, insgesamt 5 Punkte
kein Punkt für jede Spalte mit mehr als einem Kreuz

5 P.

Um sich in diesem Aufgabenfeld vorzubereiten, empfiehlt es sich, auf den Homepages der Landeszentralen für politische Bildung oder der Bundeszentrale zu stöbern. So sind diese Angebote oft zielführend:
- *Sämtliche Adressen der Landeszentralen für politische Bildung findet man auf der von der Bundesarbeitsgemeinschaft Politische Bildung Online (BAG) betriebenen Internet-Plattform: www.politische-bildung.de/karte.html.*
- *Speziell die Bundeszentrale für politische Bildung/bpb in Berlin (Adresse: www.bpb.de/die-bpb/) bietet ein umfängliches und sehr aktuelles breites Angebot an Informationen zu sozialkundlichen und zeitgeschichtlichen Fragen.*
- *Der Internetauftritt der Bayerischen Landeszentrale für politische Bildungsarbeit unter www.blz.bayern.de/blz/links/index.asp führt ebenfalls qualitativ und quantitativ vorzüglich weiter.*

22 Bayern Digital

▶ Lesen Sie den folgenden Artikel „Bayern Digital". Ordnen Sie den sechs Textlücken jeweils den passenden Begriff aus der vorgegebenen Auswahlliste zu. Tragen Sie die jeweiligen Kennbuchstaben entsprechend im Lösungsbogen ein.

Text:

„Bayern Digital"

Die Digitalisierung der Wirtschaft ist der ____(1)____ des 21. Jahrhunderts. Die Fortschritte der Informations- und Kommunikationstechnologie (IKT) und die rasante Entwicklung des Internets und seiner Anwendungen führen zu tiefgreifenden Umbrüchen in Wirtschaft und Gesellschaft. Dies ermöglicht einzigartige Chancen auf einen nachhaltigen Wachstumsschub und vielfältige neue Beschäftigungsmöglichkeiten in Bayern.

- Die Digitalisierung bewirkt einen ____(2)____ und stellt einen Quantensprung in der Informationsverarbeitung dar.

- Sie führt zu mehr Effizienz und einer höheren Flexibilität der Wirtschaft und ermöglicht damit eine höhere ____(3)____. Dadurch werden zusätzliche ____(4)____ und mehr Wohlstand geschaffen.

- Durch die Digitalisierung werden neue Wertschöpfungsketten ermöglicht, die von der bayerischen Wirtschaft – vom Handwerksbetrieb bis zum „Global Player" – in neue Produkte und Dienstleistungen umgesetzt werden können.

Mit der Digitalisierung sorgt die Bayerische Staatsregierung für eine neue Qualität in der Standortpolitik. Sie stärkt die Wettbewerbsfähigkeit der Unternehmen im Freistaat, um auch in Zukunft einen ____(5)____ im internationalen Innovationswettbewerb zu haben.

Die Politik steht in der Verantwortung, die Chancen der Digitalisierung aufzugreifen und mit politischen Weichenstellungen den künftigen Wohlstand und ein solides Wirtschaftswachstum zu sichern. Die Staatsregierung stellt sich der ____(6)____, Bayern und seine Wirtschaft für die digitale Zukunft zu rüsten.

Quelle: http://www.stmwi.bayern.de/medien/bayern-digital/ (Stand 08.02.2014)

Auswahlliste:

A	Produktivität
B	Vorsprung
C	Herausforderung
D	Rezession
E	Arbeitsplätze
F	Innovationsmotor
G	Automatisierungsschub
H	Möglichkeit

22 Bayern Digital

Tragen Sie den jeweiligen Kennbuchstaben ein:

(1) **F** (2) **G** (3) **A** (4) **E** (5) **B** (6) **C**

je 1 Punkt, insgesamt 6 Punkte — 6 P.

Dieser Text aus dem Internetauftritt des Bayerischen Staatsministeriums für Wirtschaft und Medien, Energie und Technologie enthält sechs Lücken, die auf dem Lösungsbogen zu ergänzen sind, indem man den Kennbuchstaben des richtigen Wortes dort einsetzt. Vorsicht – es sind zwei zusätzliche Begriffe angegeben, die man nicht benötigt. Eine gute Lösungsstrategie wäre es, nach mehrmaligem, konzentrierten Lesen des Textes zunächst die Begriffe, bei denen Sie sich sicher sind, sowohl im Text zu notieren als auch in der Auswahl durchzustreichen, um die Auswahl für die weniger eindeutigen Lücken zu verkleinern. Vorsicht: Die einzusetzenden Begriffe müssen nicht nur inhaltlich stimmig sein, sondern sich auch grammatikalisch korrekt in den vorgegebenen Satz einfügen (dies kann aber auch eine Hilfe bei der Lösungssuche sein!).

Auch das aus der Fernsehsendung „Wer wird Millionär?" bekannte Ausschlussprinzip kann zur Lösung führen. Geben Sie auf jeden Fall für jede Lücke einen der bei Ihnen übrigen Kennbuchstaben an, auch wenn Sie sich nicht sicher sind!

*(1) Hier fehlt ein männliches Substantiv, da der Artikel „der" vor der Lücke steht. Somit könnten die Kennbuchstaben B, F oder G richtig sein. B passt inhaltlich nicht in den Satz und G wäre veraltet, wenn vom 21. Jahrhundert die Rede ist. Notieren Sie also gleich mal **F** in der Lücke und bearbeiten Sie, auch als Gegenprobe, die weiteren Lücken.*

*(2) Grammatikalisch und inhaltlich passt hier nur **G**. Da nach der Lücke von einem Quantensprung die Rede ist, wäre B zu schwach.*

*(3) Hier passt grammatikalisch nur ein weibliches Substantiv, wobei C, D und H inhaltlich nicht stimmig sind. Die Lösung ist also **A**.*

*(4) Nachdem die Wirtschaft ja wächst, wie es der Satzanfang verdeutlicht, passt hier nur **E** in diese Lücke.*

*(5) Bei jedem Wettbewerb wird danach gestrebt, erster zu sein oder auf den Spitzenplätzen zu liegen. Deshalb fehlt hier **B**, was sprachlich auch stimmig ist.*

*(6) Sprachlich „stellt" man sich einer Herausforderung, deshalb ist **C** richtig. Auch inhaltlich und grammatikalisch stimmt diese Lösung.*

23 Was wird online gekauft?

▶ Zur folgenden Infografik liegt Ihnen der unten stehende Lückentext vor. Setzen Sie in die Textlücken A bis F auf Ihrem Lösungsbogen die jeweils zutreffende Information aus der Infografik ein.

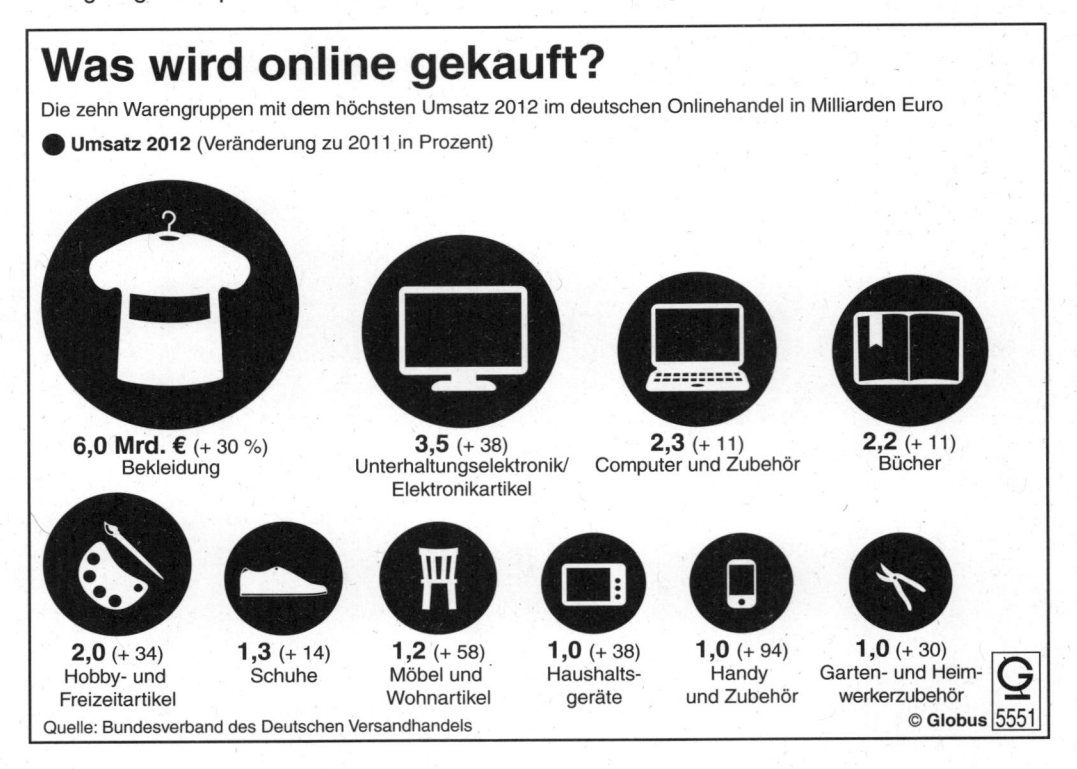

Was wird online gekauft?
Die zehn Warengruppen mit dem höchsten Umsatz 2012 im deutschen Onlinehandel in Milliarden Euro

● **Umsatz 2012** (Veränderung zu 2011 in Prozent)

| 6,0 Mrd. € (+ 30 %) Bekleidung | 3,5 (+ 38) Unterhaltungselektronik/ Elektronikartikel | 2,3 (+ 11) Computer und Zubehör | 2,2 (+ 11) Bücher |

| 2,0 (+ 34) Hobby- und Freizeitartikel | 1,3 (+ 14) Schuhe | 1,2 (+ 58) Möbel und Wohnartikel | 1,0 (+ 38) Haushaltsgeräte | 1,0 (+ 94) Handy und Zubehör | 1,0 (+ 30) Garten- und Heimwerkerzubehör |

Quelle: Bundesverband des Deutschen Versandhandels © Globus 5551

Text:

Nach Angaben des Bundesverbands des Deutschen Versandhandels zum Jahr 2012 wurde für sechs Milliarden Euro Bekleidung online gekauft; dies bedeutete etwa eine Veränderung um knapp ein ____A____ im Vergleich zum Vorjahr. Schuhe standen beim Umsatz an ____B____ Stelle. Den geringsten Zuwachs gegenüber dem Jahr 2011 gab es bei Computern samt Zubehör und bei ____C____, den größten Zuwachs dagegen beim Umsatz von ____D____. Den zweitgrößten prozentualen Zuwachs gab es erstaunlicherweise beim Onlinekauf von ____E____.

23 Was wird online gekauft?

Tragen Sie die zutreffenden Informationen ein:

A Drittel

B sechster

C Büchern

D Handys und Zubehör

E Möbeln und Wohnartikeln

je 1 Punkt, insgesamt 5 Punkte   5 P.

Die Infografik bildet die zehn umsatzstärksten Warengruppen im Onlinehandel ab. Nachdem Sie die Informationen mehrmals konzentriert gelesen haben, sollten Sie im erklärenden Text darunter nach Signalwörtern suchen. Was wird gesucht? Ein Zahlenwert, ein Fachbegriff oder ein Adjektiv? Für die erfolgreiche Bearbeitung der Aufgabenstellung müssen die richtigen Wörter bzw. Zahlenwerte im Lösungsbogen eingetragen werden.

*Im ersten Satz des Textes geht es um die Zunahme der Onlinekäufe im Bekleidungsbereich. Hierzu liefert die Infografik unter der Abbildung des T-Shirts die Information „+ 30 %" im Vergleich zum Vorjahr. Grammatikalisch passt dies nicht in die Lücke – aber die Umschreibung „**Drittel**", zumal vor der Lücke **A** das Wort „knapp" steht. Ein Drittel entspräche 33,33 %, also machen 30 % knapp ein Drittel aus.*

*Im zweiten Satz ist nach dem Rang von Schuhen beim Onlineumsatz gefragt. Durch Abzählen der Bilder erfährt man, dass sie an **sechster** Stelle stehen. Dies ist bei **B** einzusetzen.*

*Beim dritten Satz muss man eine weitere Warengruppe mit dem geringsten Umsatzzuwachs im Vergleich zum Vorjahr suchen sowie die Warengruppe mit dem größten Umsatzzuwachs. Dieser Prozentsatz steht hinter dem aktuellen Umsatz in Klammern. Wie bei „Computern und Zubehör" beträgt der Zuwachs bei **Büchern** nur 11 %, dies ist die Lösung für Lücke **C**. Der größte Umsatzzuwachs ist dagegen mit 94 % bei **Handys und Zubehör** feststellbar; dies ist die Lösung für Lücke **D**.*

*Im letzten Satz fehlen nun noch die Produkte mit dem zweithöchsten Umsatz, diesen findet man mit 58 % bei „**Möbeln und Wohnartikeln**"; diese Information gehört zur Lücke **E**.*

24 Das Auf und Ab an der Börse

Die Börse nimmt als Kapitalquelle für Großunternehmen eine wichtige Rolle ein. Das Auf und Ab der Börsenkurse ist nahezu täglich Thema in den Nachrichten.

▶ Bestimmen Sie für die Lücken im Text den jeweils richtigen Begriff aus der Auswahlliste. Tragen Sie jeweils den Kennbuchstaben des zutreffenden Begriffs bei der entsprechenden Kennzahl im Lösungsbogen ein.

Text:

Die wichtigste Börse für den Wertpapierhandel Deutschlands befindet sich in ____(1)____. Täglich werden dort z. B. die ____(2)____ für Aktien festgelegt. Anfang 2014 befanden sich die Börsenkurse in einer Hochphase, was man am Index für die 30 wichtigsten deutschen Standardwerte erkennen kann: Der ____(3)____ notierte bei fast 10.000 Punkten, nachdem er im Rahmen der ____(4)____ im Jahr 2008 auf unter 4.000 Punkte gefallen war. Als tierisches Symbol für diese steigenden Kurse dient der ____(5)____; ein französischer Fachbegriff für langfristig steigende Kurse ist ____(6)____. Als Grund für den Run auf Aktien gaben ____(7)____ und Banken die konstant niedrigen Zinsen an: Durch die schleichende ____(8)____ in Höhe von ca. 1,5% verlieren die Sparer sogar real einen Teil ihrer Geldanlage, wenn sie im Schnitt nur 0,5 bis 1,0% Zinsen erwirtschaften können.

Auswahlliste:

zu (1):	A Frankfurt/Main	B Berlin	C München	D Stuttgart
zu (2):	A Dividenden	B Stückkurse	C Renditen	D Zinsen
zu (3):	A Dow Jones	B Nikkei	C DAX	D ATX
zu (4):	A Exportkrise	B Finanzkrise	C Irak-Krise	D Ukraine-Krise
zu (5):	A Löwe	B Bär	C Dachs	D Bulle
zu (6):	A Baisse	B Hausse	C Malaise	D Bonheur
zu (7):	A Börsenmakler	B Volontäre	C Reaktionäre	D Lobbyisten
zu (8):	A Relation	B Invasion	C Deflation	D Inflation

24 Das Auf und Ab an der Börse

Tragen Sie den jeweiligen Kennbuchstaben ein:

(1)	(2)	(3)	(4)	(5)	(6)	(7)	(8)
A	B	C	B	D	B	A	D

je 1 Punkt, insgesamt 8 Punkte   8 P.

Zur Vorbereitung auf diese Art von Aufgaben könnten Sie sich eine Sammlung von wirtschaftlichen Fachbegriffen anlegen, die z. B. mit Karteikärtchen (auf der Vorderseite der Begriff, auf der Rückseite die Erklärung) geübt werden könnten.
Für jede Lücke in diesem Informationstext sind vier Begriffe zur Auswahl angegeben. Diesmal hilft grammatikalische bzw. sprachliche Cleverness nur wenig, denn diese Aufgabe lässt sich ausschließlich mit Fachwissen lösen.

*(1) Alle vier hier angegebenen Städte sind deutsche Börsenplätze, der wichtigste befindet sich in Frankfurt/Main, also ist **A** richtig.*
*(2) An der Börse werden die Stückkurse (**B**) der Aktien festgelegt. Die Höhe der Dividende bestimmt die Hauptversammlung einer Aktiengesellschaft, die Rendite ergibt sich beim Verkauf indirekt aus der Kursdifferenz und als Zinsen kann man indirekt den Kursgewinn ansehen. Aber festgelegt werden eben nur die Stückkurse.*
*(3) Auch hier hilft nur wirtschaftliches Allgemeinwissen: **C** ist richtig, weil der DAX der deutsche Aktienindex ist. Der Dow Jones gehört zur Börse in New York, der Nikkei nach Tokio und der ATX nach Wien.*
*(4) In den Jahren 2007 und 2008 begann die internationale Finanzkrise, die sich u. a. in stark fallenden Börsenkursen zeigte. Deshalb ist **B** richtig.*
*(5) Das Symbol für fallende Kurse an der Börse ist der Bär (er drückt die Kurse mit seinen Tatzen nach unten), für steigende Kurse der Bulle (er stößt die Kurse mit seinen Hörnern nach oben), also ist **D** richtig.*
*(6) Ohne Wirtschaftswissen nicht lösbar: In der Hausse steigen die Kurse langfristig (in der Baisse fallen sie), die anderen Begriffe haben nicht direkt mit Börsen zu tun. **B** ist richtig.*
*(7) Das Bindeglied zwischen Banken und Börsen sind die Börsenmakler; die anderen genannten Personengruppen haben nichts mit der Börse zu tun. **A** ist die Lösung.*
*(8) Hier ist **D** richtig, weil Sparanlagen durch inflationäre Entwicklungen an Wert verlieren. Zwar erhält man dann immer noch die Summe in €, auf die der Sparbrief o. ä. ausgestellt wurde, aber das Geld ist durch die Inflation, die sogar die Verzinsung prozentual übersteigt, weniger wert als zum Zeitpunkt der Anlage.*

25 Unsere Tapferen ziehen ins Feld

Der Text des nachfolgenden Plakats ist einer Bekanntmachung im Gesetz- und Verordnungsblatt des Königreichs Bayern entnommen. Die folgenden Aussagen beziehen sich auf die mit Nummern 1 bis 6 gekennzeichneten Textpassagen.

▶ Kreuzen Sie im Lösungsbogen an, welche Aussagen richtig sind.

Plakat mit einem Textauszug aus dem Gesetz- und Verordnungsblatt für das Königreich Bayern 1 :

An meine Bayern! 2

Deutschland hat den Kampf nach zwei Fronten aufgenommen. Der Druck der Ungewißheit ist von uns gewichen, das deutsche Volk weiß, wer seine Gegner sind. In ruhigem Ernst, erfüllt von Gottvertrauen und Zuversicht, scharen unsere wehrhaften Männer sich um die Fahnen. Es gibt kein Haus, das nicht teil hätte an diesem frevelhaft uns aufgedrungenen Krieg.

Bewegten Herzens sehen wir unsere Tapferen ins Feld ziehen. Der Kampf, der unser Heer erwartet, geht um die heiligsten Güter, um unsere Ehre und Existenz. Gott hat das deutsche Volk in vier Jahrzehnten rastloser Arbeit groß und stark gemacht, er hat unser Friedenswerk sichtbar gesegnet. Er wird mit unserer Sache sein, die gut und gerecht ist.

Wie unsere tapferen Soldaten draußen vor dem Feinde, so stelle auch zu Hause jeder seinen Mann. Wollen wir, jeder nach seiner Kraft, im eigenen Land Helfer sein für die, die hinausgezogen sind, um mit starker Hand den Herd der Väter zu verteidigen. Tue jeder freudig die Pflicht, die sein vaterländisches Empfinden ihn übernehmen heißt. Unsere Frauen und Töchter sind dem Land mit tatkräftigem Beispiele vorangegangen.

Bayern! Es gilt das Reich zu schützen, das wir in blutigen Kämpfen 3 mit erstritten haben. Wir kennen unsere Soldaten und wissen, was wir von ihrem Mut, ihrer Manneszucht und Opferwilligkeit zu erwarten haben. Gott segne unser tapferes deutsches Heer, unsere machtvolle Flotte und unsere treuen österreich-ungarischen Waffenbrüder! Er schütze den Kaiser 4 , unser großes deutsches Vaterland, unser geliebtes Bayern!

München, den 4. August 5

Ludwig 6

*Quelle: https://www.hdbg.eu/koenigreich/web/index.php/objekte/index/herrscher_id/4/id/1011,
© Haus der Bayerischen Geschichte, Augsburg (Voithenberg) / Objektinhaber: Stadtmuseum Deggendorf*

1	a) Das Königreich Bayern wurde 1866 ausgerufen
	b) Das Königreich Bayern wurde 1914 ausgerufen.
	c) Das Königreich Bayern wurde 1806 ausgerufen.

2	a) Das Königreich Bayern endete mit der Veröffentlichung des Bekanntmachungstextes.
	b) Das Königreich Bayern war zu Beginn des Ersten Weltkriegs Teil des Deutschen Kaiserreichs.
	c) Das Königreich Bayern musste aufgrund der Reservatsrechte eigens den Krieg erklären.

3	a) Mit „blutigen Kämpfen" ist der Deutsch-Französische Krieg von 1870/71 gemeint.
	b) Mit „blutigen Kämpfen" ist die Revolution von 1848 gemeint.
	c) Mit „blutigen Kämpfen" ist der Deutsch-Dänische Krieg von 1848–1851 gemeint.

4	a) Der erwähnte Kaiser war Wilhelm II.
	b) Der erwähnte Kaiser war Friedrich III.
	c) Der erwähnte Kaiser war Franz Joseph II.

5	a) Der Bekanntmachungstext stammt aus dem Jahr 1939.
	b) Der Bekanntmachungstext stammt aus dem Jahr 1918.
	c) Der Bekanntmachungstext stammt aus dem Jahr 1914.

6	a) Der Unterzeichner des Aufrufs war Ludwig I.
	b) Der Unterzeichner des Aufrufs war Ludwig II.
	c) Der Unterzeichner des Aufrufs war Ludwig III.

25 Unsere Tapferen ziehen ins Feld

Kreuzen Sie die Kennbuchstaben der zutreffenden Aussagen an:

	1	2	3	4	5	6
a)			X	X		
b)		X				
c)	X				X	X

je 1 Punkt, insgesamt 6 Punkte
kein Punkt für jede Spalte mit mehr als einem Kreuz

6 P.

Einschneidende und bedeutsame Ereignisse, deren man in der breiten Öffentlichkeit und in den Medien aufgrund einer runden Erinnerungszahl, z. B. vor 100, 75, 50 oder 25 Jahren, im Prüfungsjahr besonders und ausführlich gedenkt, gehören unbedingt in die Vorbereitung zur Prüfung. Bei der hier vorliegenden Aufgabe, basierend auf einer historischen schriftlichen Quelle, ist neben dem erwarteten Geschichtswissen auch eine gewisse Kombinationsgabe zweckmäßig. Beispiel: Ziff. 6 der Unterzeichner des Aufrufs war eindeutig Ludwig III.; Ludwig II., der sogenannte Märchenkönig, ist der zweiten Hälfte des 19. Jahrhunderts zuzuordnen, Ludwig I. der ersten.

26 Zweiter Weltkrieg – Geschichtliche Fakten

▶ Entscheiden Sie durch Ankreuzen im Lösungsbogen, ob folgende Aussagen zum Beginn des Zweiten Weltkriegs zutreffend oder nicht zutreffend sind.

1. Unmittelbarer Auslöser des Zweiten Weltkriegs war letztlich das Attentat in Sarajewo.

2. Das Deutsche Reich griff am 1. September 1939 Polen an. Die Sowjetunion folgte mit ihrem Überfall auf den Nachbarstaat am 17. September 1939. Beide Aggressoren teilten nach der polnischen Niederlage das Territorium Polens unter sich auf.

3. Vor Kriegsbeginn griff Hitler-Deutschland bereits über seine Grenzen hinaus, so beispielsweise durch die Angliederung Österreichs und des Sudetenlands sowie die militärische Besetzung des tschechischen Teils der Tschechoslowakischen Republik.

4. Die britische Luftwaffe („Royal Air Force") flog am 2. September 1939 ihren ersten Bombenangriff auf Hamburg („first bombing raid"), um das von den Deutschen angegriffene Polen zu unterstützen.

5. Durch den deutsch-sowjetischen Nichtangriffspakt, auch Hitler-Stalin-Pakt genannt, sicherte sich das Deutschen Reich im August 1939 die Neutralität der UdSSR bei einer kriegerischen Auseinandersetzung mit Polen und den Westmächten. Er sagte zudem der Sowjetunion Gebietsgewinne z. B. zu Lasten Polens zu.

6. Der Beschuss des polnischen Munitionslagers auf der Westerplatte bei Danzig am 1. September 1939 durch das deutsche Kriegsschiff „Schleswig-Holstein" gilt als Beginn des Zweiten Weltkrieges.

26 Zweiter Weltkrieg – Geschichtliche Fakten

Kreuzen Sie an:

	1	2	3	4	5	6
zutreffend		X	X		X	X
nicht zutreffend	X			X		

je 1 Punkt, insgesamt 6 Punkte
kein Punkt für jede Spalte mit mehr als einem Kreuz

6 P.

Das bei Aufgabe 25 Ausgeführte gilt auch für diese zeitgeschichtliche Aufgabenstellung: die Nutzung des oft sehr intensiv Dargelegten zu diesen aktuellen Gedenkanlässen in den unterschiedlichen Medien bei der Vorbereitung. In Bayern Verwendung findende Schulgeschichtswerke können bei der persönlichen Vorbereitung ebenfalls sehr zielführend sein, da hier meist die zentralen Merkmale etwa eines Ereignisses markant herausgestellt werden.

27 Logeln statt googeln

▶ a) Welches Wort ersetzt das Fragezeichen? Kreuzen Sie im Lösungsbogen das richtige Wort an.

lang – hoch – eng – weit – tief – ?

▶ b) Welche Zahl gehört an die Stelle des Fragezeichens? Kreuzen Sie im Lösungsbogen die richtige Zahl an.

| 15 | 13 | 17 | 11 | 19 | ? |

▶ c) Welches Wort ersetzt das Fragezeichen? Kreuzen Sie im Lösungsbogen den richtigen Begriff an.

natürlich: Bach
künstlich: ?

▶ d) Welcher Würfel ist aufgeklappt? Kreuzen Sie im Lösungsbogen die entsprechende Zahl an.

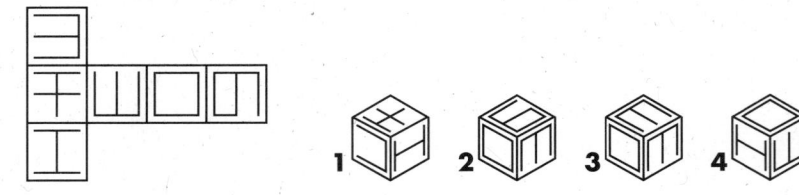

▶ e) Ihre Freunde (X auf der Abbildung) sind gemütlich beim Bergwandern unterwegs. Tragen Sie im Lösungsbogen die Nummer der Hütte ein, die Sie Ihren Freunden zur Einkehr empfehlen würden, wenn diese viel Zeit haben und sich möglichst wenig anstrengen wollen.

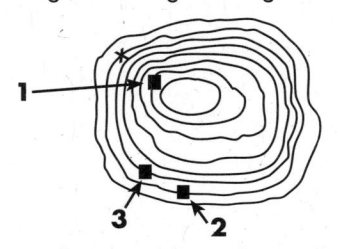

Quelle: www.abfrager.de (geändert)

Die Prüfungsaufgaben für das Einstellungsjahr 2015   177

27 Logeln statt googeln

a) Kreuzen Sie an:

☐	**groß**
☐	**klein**
☐	**breit**
X	**kurz**
☐	**schmal**

2 Punkte — kein Punkt bei mehr als einem Kreuz — 2 P.°

b) Kreuzen Sie an: **5   7   9   11   13**

☐ ☐ **X** ☐ ☐

Lösungshinweis: Zahl 1 + 2 = Zahl 3
Zahl 3 + 2 = Zahl 5
Zahl 2 − 2 = Zahl 4
Zahl 4 − 2 = Zahl 6

2 Punkte — kein Punkt bei mehr als einem Kreuz — 2 P.°

c) Kreuzen Sie an:

☐	**Ozean**
☐	**Strom**
X	**Kanal**
☐	**Fluss**
☐	**Rinnsal**

2 Punkte — kein Punkt bei mehr als einem Kreuz — 2 P.°

d) Kreuzen Sie an: **1   2   3   4**

☐ ☐ **X** ☐

2 Punkte — kein Punkt bei mehr als einem Kreuz — 2 P.°

e) Kreuzen Sie an: **1   2   3**

☐ **X** ☐

2 Punkte — kein Punkt bei mehr als einem Kreuz — 2 P.°

---

*Durch folgerichtiges Denken muss bei **Aufgabe a), b), c) und d)** herausgefunden werden, welche Gesetzmäßigkeit jeweils den in einer gewissen Ordnung vorgegebenen Wörtern, Zahlen und Figuren zugrunde liegt. Entsprechend muss aus den Wort- bzw. Zahlenspeichern im Lösungsbogen richtig ausgewählt werden. Aufgaben dieser Art sind nicht unbedingt aus dem Schulunterricht bekannt, sie erfordern daher eine besonders gründliche Vorbereitung. Analytisches Denken, logisches Schlussfolgern bzw. das Erkennen von Analogien lassen sich durch wiederholtes Bearbeiten von Aufgabenbeispielen trainieren. Tipps und Übungsmaterialien finden sich in zahlreichen Verlagsangeboten zu Einstellungstests sowie z. T. kostenlos im Internet (z. B. www.einstellungstest-fragen.de; www.iqtest.sueddeutsche.de).*
Aufgabe e) *erfordert zusätzlich grundlegendes geographisches Wissen. Es sollte bekannt sein, dass Geländeformen durch die Struktur der Höhenlinien wiedergegeben werden (weite Abstände der Höhenlinien weisen auf flaches, enge auf steileres Gelände hin), um problemlos zu erkennen, dass sich die Hütte 2 mit der geringsten Anstrengung erreichen lässt, weil sie sich auf gleicher Höhe befindet wie die Freunde.*

Bildnachweis

S. 30 Bild A: ullstein bild
Bild B: picture alliance / dpa / picture-alliance
Bild C: picture alliance / akg-images
Bild D: Axel Springer AG
Bild E: Stadtarchiv Dresden, Dresdner Anzeiger, 18. November 1938
Bild F: ullstein bild – dpa
Bild G: ullstein bild –Süddeutsche Zeitung Photo / Scherl

S. 36 picture-alliance / dpa-infografik

S. 48 picture-alliance / dpa-infografik

S. 50 picture-alliance / dpa-infografik

S. 56 www.wind-lexikon.de

S. 64 Michael Hüter

S. 94 picture-alliance / dpa-infografik

S. 100 picture-alliance / dpa-infografik

S. 110 Bayerischer Landespersonalausschuss

S. 112 Thomas Wizany

S. 114 picture-alliance / dpa-infografik

S. 120 http://www.briefmarken-bilder.de/brd-briefmarken-1981-bilder/volkssouveraenitaet-gr.jpg

S. 138 picture-alliance / dpa-infografik

S. 150 picture-alliance / dpa-infografik

S. 154 picture-alliance / dpa-infografik

S. 156 picture-alliance / dpa-infografik

S. 168 picture-alliance / dpa-infografik

S. 172 Haus der Bayerischen Geschichte, Augsburg (Voithenberg) / Objektinhaber: Stadtmuseum Deggendorf

NOTIZEN

NOTIZEN